Internationale Wirtschafts- und Finanzprobleme

Von

Dr. G. Vissering,
Präsident der „Niederländischen Bank"

Berlin und Leipzig 1920
Vereinigung wissenschaftlicher Verleger
Walter de Gruyter & Co.
vormals G. J. Göschen'sche Verlagshandlung — J. Guttentag, Verlagsbuchhandlung — Georg Reimer — Karl J. Trübner — Veit & Comp.

Amsterdam:
J. H. de Bussy A. G.,
Druckerei und Verlagsanstalt.

Haag:
W. P. van Stockum & Sohn:

Die Originalausgabe dieser Broschüre ist im Haag im Verlag von W. P. van Stockum & Sohn in holländischer Sprache erschienen unter dem Titel «Over den Internationalen Financieelen en Economischen Toestand». Außerdem erscheint diese Schrift in englischer Sprache im Verlag von Macmillan & Co. (London) unter dem Titel "International Financial and Economic Problems". Die deutsche Übersetzung ist von Dr. G. I. van der Heyden, Oberbeamter der Niederländischen Bank.

Inhaltsverzeichnis.

Point n'est besoin d'espérer pour entreprendre, ni de réussir pour persévérer.

Wahlspruch unter einem Bildnis Wilhelms des Ersten, Prinzen von Oranien.

Nachdem während mehr als vier Jahren eine systematische Vernichtung von Menschenleben und Gütern vor sich gegangen war, die einen großen Teil der Welt in Trauer und Elend stürzte, hegte man allgemein die Erwartung, daß der Wendepunkt in diesem Unglück mit dem Tage heranbrechen werde, an dem die Feindseligkeiten eingestellt würden.

Selten wohl wurde eine Illusion grausamer durch die Wirklichkeit enttäuscht als diese Hoffnung; die Not von vielen, nicht nur von Einzelpersonen, sondern auch von ganzen Völkern, ist seit dem denkwürdigen Waffenstillstandstage noch stets weiter gestiegen. Sind in diesen Ländern während des Krieges Millionen Menschenleben durch Waffengewalt zugrunde gegangen, so droht nun Gefahr, daß noch mehr Millionen durch Not und Erschöpfung untergehen werden. In Rußland ist dies bereits geschehen, da dort Auflösung und Anarchie zum System erhoben sind, ein System, unter dem sogar danach gestrebt wird, ganze Bevölkerungsgruppen auszurotten, auf ähnliche Weise, wie man etwa schädliches Ungeziefer zu vernichten trachten würde.

Die wirtschaftliche Not droht jedoch jetzt auch Länder mit geordneter Regierungsform, die bereit sind, in vollkommen normaler Weise an dem Wirtschafts- und Gesellschaftsleben teilzunehmen, sowohl im eigenen Lande als im internationalen Wirtschaftsleben zugrunde zu richten, nicht mehr durch Gewalt, sondern — bildlich gesprochen — durch wirtschaftliche Aussaugung und heimlichen Mord.

Dies ist die furchtbare Schuld, welche die Welt jetzt auf sich lädt. Waffengewalt konnte man bis zu einem gewissen Grade als ehrenvoll bezeichnen, vor allem wo es galt, den heimischen Herd gegen die rohe Gewalt feindlicher Angreifer zu verteidigen und wo der Gebrauch unwürdiger Mittel vermieden wurde. Die Vernichtung jedoch, die jetzt in noch größerem Umfange stattfindet, entbehrt dieses edlen Momentes ganz und gar; diese Vernichtung wird jetzt verursacht durch drei Geißeln der Menschheit, die man als abschreckende Warnung überall in feurigen Lettern aufzeichnen sollte:

UNWISSENHEIT — ZÖGERN — SELBSTSUCHT.

Mit bewundernswürdiger Energie haben sich verschiedene Völkergruppen gerüstet, um den Krieg zu beginnen und ihn mit allen Kräften fortzusetzen, und die Organisationsfähigkeit in fast allen Ländern hat die Welt in Erstaunen versetzt.

Nach Beendigung des Krieges stellen wir gerade das Gegenteil fest: es hat den Anschein, als ob die Organisationsfähigkeit verlorengegangen ist; fast in jedem Lande verrichtet man fortgesetzt Handlungen, von denen man weiß, daß sie nur dazu dienen können, das Elend zu vergrößern, was man auch offen zugibt; sowohl in den einzelnen Ländern als auch international fehlt es an Initiative zur Ergreifung und an der Kraft zum Durchsetzen der zur Rückkehr in sichere Bahnen erforderlichen Maßnahmen.

I. Kapitel.

Die Zerrüttung während des Krieges und nach seiner Beendigung.

Während des Krieges sah man sich gezwungen, zu unerhörten Ausgaben zu schreiten; um diese Aufwendungen zu ermöglichen, mußten die Einnahmequellen künstlich erweitert werden. Dies letztere war an sich eine sehr bedenkliche Erscheinung, welche die Finanzen notwendigerweise ernstlich aus dem Gleichgewicht bringen mußte, eine Handlungsweise, deren Nachteile man auch selbst wohl erkannte. Das Hauptziel, Mittel für die Kriegführung zu erhalten, wurde jedoch auf diese Weise erreicht, und die Kriegführung war nun einmal das notwendige Übel, das alle anderen Erwägungen beherrschte. Man erreichte also hiermit in der Tat ein Ziel, wobei wir von der Tatsache absehen, daß dieses Ziel ein notwendiges Übel war.

Nach der Einstellung der Feindseligkeiten bleibt der Drang, Ausgaben von unerhörter Höhe zu machen, fast überall nahezu unvermindert bestehen, jetzt nicht mehr allein durch die Notwendigkeit erzwungen, sondern großenteils aus Lässigkeit, aus Mangel an Mut, die Ausgaben zu verringern, und durch das Fehlen eines wohldurchdachten Planes, um den Völkern diese Notwendigkeit, die Ausgaben einzuschränken, aufzuzwingen.

Wir haben vor allem im Laufe der letzten Monate feststellen können, welche verhängnisvollen Folgen diese schwankende Haltung gezeitigt hat. Die große Preissteigerung hat bereits während des Krieges ernstliche Störungen im Wirtschaftsleben zuwege gebracht. In einigen Ländern ist diese Steigerung nach Abschluß des Waffenstillstandes vorübergehend zum Stehen gebracht worden; als Beispiele hierfür mögen die Schweiz und Holland genannt werden.

In verschiedenen anderen Ländern hat sich die Preissteigerung, ausgedrückt in der eigenen Valuta dieser Länder, so bedenklich fortgesetzt, daß dort eine Notlage entstehen mußte; zu diesen Ländern müssen in erster Linie Österreich und Deutschland gerechnet werden.

Man hat die Wechselkurse oftmals als Thermometer für die wirtschaftliche Lage der Länder bezeichnet. Man hat in der Tat am Stande der Wechselkurse in der letzten Zeit deutlich die Größe der Not in den verschiedenen Ländern ablesen können.

Untersuchen wir zunächst in kurzen Umrissen, auf welche Weise diese Länder in die gegenwärtige Notlage gelangt sind; als Beispiel diene hier in erster Linie Deutschland, da sich die Verhältnisse dort noch am besten übersehen lassen.

Bei der Gründung des Deutschen Reiches nach dem Kriege 1870/71 hatte man eine Bundesanleihe abgeschlossen, die jedoch bereits im Jahre 1875 vollständig zurückgezahlt war. Im Jahre 1876 bestand die Staatsschuld des Deutschen Reiches also lediglich aus 120 Millionen Mark an Reichskassenscheinen, die durch das Reich ausgegeben wurden, um das Papiergeld der Einzelstaaten einziehen zu können; diese Emission von Reichskassenscheinen war außerdem noch gedeckt durch den Goldschatz im Juliusturm zu Spandau. Zehn Jahre später, im Jahre 1886, hatte das Reich eine Schuldenlast von nur 446 Millionen Mark. Erst im Jahre 1890 fängt die Staatsschuld an schneller zu steigen; sie erreichte in diesem Jahre eine Milliarde und im Jahre 1895 zwei Milliarden, jedoch erst im Jahre 1905 wird die dritte Milliarde erreicht, Beträge, die uns gegenwärtig ganz unbedeutend erscheinen würden. Die Vergrößerung der Ausgaben für Heereszwecke und der Anbau einer großen Schlachtflotte ließ die Schuldenlast bereits verhältnismäßig bedeutend steigen, so daß sie im Jahre 1910 die Ziffer von viereinhalb Milliarden Mark erreicht hatte; zu Beginn des Jahres 1914 hatte die Reichsschuld, einschließlich der schwebenden Schuld, jedoch noch nicht die fünfte Milliarde überschritten.

Für die Zinszahlung mußten jährlich ungefähr 180 Millionen, für Amortisation gut 60 Millionen Mark aufgewendet werden, so daß die Reichsschuld der Bevölkerung eine jährliche Belastung von nicht mehr als 250 Millionen auferlegt hatte.

Die Bundesstaaten hatten auch bereits ihre Schuldenlast erhöht, und die Staatsschuld aller Einzelstaaten zusammengerechnet war schon im Jahre 1914, vor Ausbruch des Krieges, auf 17,7 Milliarden Mark gestiegen. Die Provinzen und Kommunen hatten außerdem noch insgesamt eine Schuld von 11,9 Milliarden Mark. Die Gesamtschuld der öffentlich-rechtlichen Körperschaften des Deutschen Reiches betrug also beim Ausbruch des Krieges, Ende Juli 1914:

Für das Reich	5	Milliarden Mark
„ die Bundesstaaten	17,7	„ „
„ die Provinzen und Kommunen	11,9	„ „
	34,6	Milliarden Mark.

Man hielt diese Steigerung vor dem Kriege für so bedenklich, daß man von vielen Seiten auf internationale Beschränkung der Kriegsrüstungen drang; der Krieg machte natürlich allen derartigen Bestrebungen ein Ende.

Gegenwärtig weisen die Schulden Deutschlands die folgenden Beträge auf: in Milliarden Mark

Das Reich:		
Fundierte Schuld	90	
Schwebende Schuld	80	
		170.0
Die Einzelstaaten:		
Fundierte Schuld	17.5	
Schwebende Schuld	12.5	
		30.0
Die Provinzen und Kommunen:		
Fundierte Schuld	12.5	
Schwebende Schuld	10.0	
		22.5
Insgesamt		222.5 Milliarden Mark.

Allein die Zinszahlung auf diese Schuld erfordert jährlich zehn Milliarden Mark. Dazu kommt noch die schwer ins Gewicht fallende Verpflichtung zur Zahlung der Pensionen, die stark zugenommen hat und vorläufig pro Jahr auf 4,4 Milliarden Mark berechnet wird.

Bei der Beurteilung dieser Zahlen muß man weiter noch in Betracht ziehen die Guthabensaldi im Kontokorrentverkehr der Reichsbank und die Ausgabe von Banknoten durch die Reichsbank, sowie die Emission von Kassenscheinen seitens des Reiches und der Darlehenkassen, welche insgesamt einen Betrag von bereits mehr als 56 Milliarden Mark ergeben.

Was beweisen diese Zahlen?

Sie beweisen, daß Deutschland durch das Aufnehmen von Geldern, langfristig in der Form von Anleihen, oder kurzfristig durch Ausgabe von Reichsschatzwechseln, und ferner durch die nahezu schrankenlose Vermehrung der Umlaufsmittel in Form von Reichsbanknoten und eigentlichem Papiergeld, Reichskassen- und Darlehenskassenscheinen, für ungefähr 230 Milliarden Mark neue Kaufkraft auf künstlichem Wege geschaffen hat. Hier handelt es sich also nicht um eine Zunahme der Kaufkraft durch eine Steigerung der Produktion, durch Ersparung infolge Verbesserung der Produktionsmethoden, durch Vergrößerung des Exportes und Zurücklegen von durch sparsames Haushalten erübrigten Mitteln, sondern lediglich um eine Vermehrung der Kaufkraft durch künstliche Schaffung von Zahlungsmitteln, denen kein Aktivum und keine wirklichen Einkünfte gegenüberstehen.

Wenn ein Privatmann im Verhältnis zu seinem Vermögen und seinen Einkünften auf diese Art gehandelt hätte, dann wäre er schon längst wegen Verschwendung unter Vormundschaft gestellt worden. Ein Staat kann jedoch scheinbar lange Zeit ungestraft tun, was man einer Einzelperson schon längst unmöglich gemacht hätte. Jedoch nur scheinbar, denn die Nemesis greift auf die Dauer für den Staat noch unerbittlicher ein als für den Privatmann.

Es konnte natürlich nicht ausbleiben, daß die Emission von so viel Zahlungsmitteln auf deren Kaufkraft einen verderblichen Einfluß auszuüben begann, und zwar nach zwei verschiedenen Seiten hin, deren vereinte Wirkung das Resultat noch verhängnisvoller gestaltete. Viele wirtschaftliche Güter wurden alsbald nach der Eröffnung der Feindseligkeiten knapp, da ungeheure Mengen aufgekauft oder reserviert werden mußten, während die Produktionsmöglichkeit schon sogleich stark eingeschränkt wurde durch die Unterbrechung des Verkehrs mit dem Auslande und durch die Tatsache, daß die Produktionskräfte zum großen Teil für die Verrichtung unproduktiver Arbeiten in Anspruch genommen wurden. Die Güterpreise mußten also steigen. Die Vermehrung der Zahlungsmittel hielt jedoch nicht gleichen Schritt mit dieser Steigerung der Güterpreise, sondern sie nahm verhältnismäßig schon bald einen viel größeren Umfang an. Auf diese Weise mußte auch eine Entwertung in der Kaufkraft der Umlaufsmittel eintreten durch die Wirkung eines Faktors auf der Seite dieser Umlaufsmittel selbst, nämlich den geringen Wert, den die Bevölkerung im Inlande ihnen zuzuerkennen begann, und vor allem auch den Wert, den das Ausland diesen Zahlungsmitteln beilegte. Vor allem dieser letzte Faktor war sehr unbeständig und stand immer wieder, sowohl während des Krieges als nach seiner Beendigung stark unter dem Einfluß der Psychose, d. h. gefühlsmäßiger Momente, auf seiten des ausländischen Käufers. Wir haben gesehen, wie die Reichsmark während der großen deutschen Offensive im Jahre 1918 erst bis 41.90 Gulden holländischer Währung für 100 Mark stieg und wie sie dann, nach dem Bekanntwerden des Mißglückens der Offensive bis auf fl. 30.90 sank, ohne daß sich die finanzielle Lage Deutschlands in der Zwischenzeit so bedeutend geändert hätte. Eine ähnliche Erscheinung, nur in umgekehrter Richtung, stellen wir fest bei dem französischen Frank und dem englischen Pfund Sterling. Während der erwähnten Offensive sank der Frank bis auf fl. 33.90, um nach Abschluß des Waffenstillstandes sogar bis fl. 44.05 zu steigen, eine Notierung, die nur ungefähr 4 fl. von der normalen Guldenparität des Frank entfernt war; jetzt hingegen ist der Frank wieder allmählich bis auf fl. 23.— gesunken. Das englische Pfund weist, ausgedrückt in holländischer Währung, für die gleichen Perioden die Kurse fl. 9.15, fl. 11.87 und jetzt fl. 10.— auf. Hier hat also das Wechselkursthermometer in der Tat versagt, und die Psychose hat ihren Einfluß zeitweilig in stark steigender oder sinkender Richtung geltend gemacht, ebenso wie unsere Lufttemperatur in diesem Jahre abwechselnd stark unter dem Einflusse einer abnormalen Wärme- und einer ungewöhnlich früh eintretenden Kältewelle gestanden hat.

In Deutschland sind noch zwei andere Faktoren am Werke gewesen, um die bedenkliche Entwertung der Valuta zu fördern. Der Mangel an Rohstoffen, vor allem aber auch an Lebensmitteln wurde nach Einstellung der Feindseligkeiten immer größer. Auch in Deutschland vermochte zwar die Freigabe der Heeresvorräte eine vorübergehende Erleichterung ins Leben zu rufen; diese Entspannung war jedoch nur von kurzer Dauer, und danach machte sich die Lebensmittelnot in immer steigendem Maße geltend. Die politischen Ereignisse im Inlande und die Erfüllung der Waffenstillstandsbedingungen verschärften diesen Zustand noch weiterhin, da der Transport und die richtige Verteilung der vorhandenen Vorräte hierdurch sehr behindert wurde und planmäßige Überlegung nicht mehr in dem erforderlichen Umfange stattfinden konnte. Deutschland hatte anscheinend seine große Organisationsfähigkeit eingebüßt. Als die Reichsregierung und die Reichsbank Maßnahmen treffen wollten, um dem unausgesetzten Abfließen von Reichsmark nach dem Auslande entgegenzutreten, waren es die Kommunen und die Privatspekulanten, die diese Bestrebungen neutralisierten. Verschiedene Kommunen nahmen ja den Ankauf von Lebensmitteln selbst in die Hand; sie verschafften sich die Mittel hierzu entweder auf dem Wege des Bankkredites oder durch die Unterbringung von Anleihen; sie kauften alsdann Lebensmittel im Auslande, so auch vielfach in Holland, und ließen dann Reichsmark in großen Beträgen als Zahlungsmittel in Holland und anderen Ländern verkaufen. Das Sinken des Wertes der Mark der ausländischen Währung gegenüber wurde dadurch sehr gefördert.

Die deutschen Kommunen hatten hiervon nicht so große Nachteile, als man eigentlich erwarten sollte, da sie diese Lebensmittel in dem Kreise ihrer eigenen Bürger wiederum verkaufen konnten, teilweise zu immer höheren Markpreisen. Das Budget der Gemeinden vermochte man also wohl im Gleichgewicht zu erhalten durch die aufgenommenen Anleihen und durch den stets teureren Verkauf am Platze an die kaufkräftigsten Einwohner. Das Endresultat jedoch von dieser ganzen Handlungsweise war ein fortwährend zunehmendes Markangebot im Auslande mit allen verhängnisvollen Folgeerscheinungen für den Stand der Valuta.

Das Aufkaufen im Auslande vonseiten privater Käufer verschärfte naturgemäß noch die Wirkung dieses Auflösungsprozesses; vor allem das sog. „Loch im Westen" gab hierzu, und hiermit kommen wir zu der zweiten großen Ursache, nur allzuviel Veranlassung. Die deutsche Regierung hatte bereits versucht, diese wahllose und zum allgemeinen Untergang führende Einfuhr durch die Erhebung hoher Einfuhrzölle zu zügeln; hierbei hatte die Regierung sogar festgesetzt, daß diese Einfuhrzölle in Goldwert entrichtet werden müßten. Zum ersten Male wurde auf diese Weise von Regierungs wegen konstatiert, daß die im Umlauf befindliche Mark nicht mehr als eine Goldmark angesehen werden könne, sondern daß die Einfuhrzölle, welche auf Goldbasis erhoben wurden, mit einem größeren Nominalbetrage Papiermark bezahlt werden mußten. Wurde dieser Mehrbetrag anfänglich auf das 2½- bis 3fache der im Umlauf befindlichen Mark festgesetzt, so wurde er nach und nach heraufgesetzt und in der Zeit vom 5. bis 17. November 1919 von 520 auf 590, einige Tage später auf 690 % und zuletzt, am 8. Dezember, sogar auf 830 % erhöht. Dies bedeutet also, daß man 8.30 von den im Umlauf befindlichen papierenen Zahlungsmitteln entrichten mußte, um damit

1 Mark Einfuhrzoll bezahlen zu können. Auf diese höchst merkwürdige Tatsache, wodurch das Bestehen einer sogenannten „Papierwährung" ausdrücklich zugegeben wird, komme ich weiter unten zurück.

Die deutsche Regierung konnte diese Maßnahmen nur für das Gebiet zur Durchführung bringen, über das sie die unbedingte Oberhoheit besaß; sie stand jedoch machtlos gegenüber den durch die Entente besetzten Gebieten links des Rheines, da die Verträge mit der Entente ihr untersagten, Zahlung der Zölle in Goldwert zu fordern, welcher so viele Male höher war als der Wert der im Umlauf befindlichen Mark. Außerdem vermochte sie nicht ihre eigenen Zollbeamten an die Grenzen des besetzten Gebietes zu stationieren, so daß die Regelung der Einfuhr und die Einfuhrkontrolle vollständig in den Händen von Ententetruppen aus den verschiedensten Ländern lag. Dies mußte notwendigerweise Anlaß zu vielerlei Schwierigkeiten geben, von welchen Schwierigkeiten wohl die größte war, daß Personen, sowohl Deutsche als Ausländer, die sich diese Lücke in der Zollgrenze zunutze zu machen wußten, ungehindert Güter nach Deutschland über das besetzte Gebiet einführen konnten, wobei sie zur Zahlung der Zölle die gewöhnliche, im Umlauf befindliche Mark benutzen konnten; auf diese Weise erhielten Güter, welche durch dieses „Loch im Westen" eingeführt wurden, einen großen Vorsprung gegenüber den anderweitig eingeführten Gütern. Durch diese Lücke in der Zollgrenze wurde Deutschland mit Gütern überschwemmt, von denen ein großer Teil dem Lande keinen Nutzen brachte, sondern im Gegenteil als reine Luxusgüter (Zigaretten usw.) jetzt von der Einfuhr hätte ausgeschlossen sein müssen.

Riesige Markbeträge gelangten auf diesem Wege nach dem Auslande, und dort haben sich zwei Spekulantengruppen des gesamten Marktes in Markvaluta bemächtigt: die eine Gruppe spekuliert à la baisse, die andere à la hausse. A la baisse spekulierten eigentlich alle diejenigen, welche, absichtlich oder durch die Notwendigkeit dazu gezwungen,

Reichsmark aus Deutschland ausführten. Die Kaufleute, die große Warenmengen, worunter sich viele unnütze Luxusgegenstände befanden, aus dem Auslande nach Deutschland einführten, bezahlten diese Bezüge mit Markscheinen und verkauften diese Waren in Deutschland mit bedeutendem Gewinn, erhielten also wiederum Zahlung in Mark, natürlich größere Beträge als sie selbst ausgeführt hatten. Sie arbeiteten also lediglich aus spekulativen Gründen in erheblichem Umfange mit an der weiteren Entwertung der Mark im Auslande und dadurch an der Preissteigerung der Güter in Deutschland.

Andere waren unfreiwillig in der gleichen Richtung tätig, so beispielsweise die Kommunalverwaltungen, die ungeachtet des Sinkens der Mark im Auslande weiter als Warenkäufer auftraten und naturgemäß in ihren Bezirken höhere Preise von ihren freiwilligen Abnehmern verlangen mußten; die Absicht war hier nicht die gleiche wie in dem obenerwähnten Falle, eine Markspekulation war hier also nicht im Spiele, für die Valuta war jedoch das Ergebnis das gleiche wie bei den Transaktionen der erwähnten Kaufleute.

A la hausse spekulierten die zahllosen Käufer von Reichsmark in vielen Ländern, worunter sich auch frühere Feinde Deutschlands befanden, da man der Meinung war, der Markkurs sei so tief gesunken, daß eine Steigerung wahrscheinlicher sei als ein weiteres Sinken. Die Haussespekulanten kamen auf den Markt, als die Reichsmark, in holländischer Valuta ausgedrückt, noch über fl. 40.— für 100 Mark notierte, ihre Zahl wuchs stetig mit der zunehmenden Entwertung der Mark; bei den äußerst niedrigen Kursen der letzten Monate nahmen die spekulativen Markankäufe derartig zu, daß zahllose Personen, die früher ganz außerhalb dieses Handels standen, anfingen, sich daran zu beteiligen. Unter diesen Spekulanten befinden sich Frauen, Dienstboten, Schüler mit ihren Sparpfennigen, Bureauangestellte, vor allem auch der Bauernstand usw. usw.; die Markspekulanten sind also in jeder Bevölkerungsschicht anzutreffen.

Die Baisse-Gruppe hat bis jetzt immer die Oberhand behalten, und trotz der außerordentlich umfangreichen Unterstützungskäufe der vielen Markspekulanten sank die Mark im Auslande immer weiter, bis dieser Tage (Dezember) in holländischem Gelde ein Kurs von fl. 5.10 für 100 Mark notiert wurde gegen einen früheren Normalkurs von fl. 59.20 für 100 Mark.

Eine merkwürdige Tatsache hat sich im Laufe dieser Entwicklung ereignet: die Emission von Reichsbanknoten und Darlehenskassenscheinen erfuhr während dieser Periode wohl eine Zunahme, sie nahm jedoch anscheinend nicht proportional der durch Verkäufe von Reichsmark nach dem Auslande verursachten Abnahme der Umlaufsmittel zu. Diese Erscheinung findet ihre Erklärung wahrscheinlich darin, daß ein ansehnlicher Betrag dieser Zahlungsmittel nicht in wirklichem Umlauf ist, sondern als Kapitalanlage oder zu Zwecken der Steuerflucht thesauriert war, eine Erscheinung, die wir in fast allen Ländern feststellen können. Die Besitzer dieser thesaurierten Umlaufsmittel hatten jetzt ein Interesse daran diese freizugeben, so daß sie einen Augenblick wirklich in Umlauf gelangten und wieder das Material für die stark zugenommene Ausfuhr von Reichsmark nach dem Auslande lieferten. Sofern die Reichsbank also hätte versuchen können, einer Vergrößerung der Notenemission entgegenzuarbeiten, hätten diese Bestrebungen doch nicht verhindern können, daß tatsächlich mehr Noten in Umlauf gelangten und als Zahlungsmittel im Verkehr mit dem Auslande benutzt werden konnten.

Noch auf eine andere bemerkenswerte Tatsache muß hier hingewiesen werden. Die übermäßige Emission von Zahlungsmitteln hat die Mark natürlich auch in Deutschland selbst entwertet; diese Entwertung war jedoch den geltenden Warenpreisen im Lande gegenüber nicht so weit fortgeschritten als gegenüber der Valuta des Auslandes. Erschienen also die Warenpreise, ausgedrückt in Mark, in Deutschland hoch, so waren sie für das Ausland unerhört billig; wenn ein Gegenstand in Deutschland beispielsweise, in Mark gerechnet, dreimal mehr kostete als vor dem

Kriege, dann bedeutete dies für den Ausländer, daß der Preis dieses Gegenstandes auf ein Drittel oder noch weniger seines früheren Kaufpreises gesunken war, da die Mark im Auslande bis auf ein Zehntel ihres früheren Wertes gefallen war. So war es zum Beispiel möglich, daß Eisenbahnwaggons durch Deutschland für 80.000 Mark angeboten wurden, so daß der Kaufpreis für Holland augenblicklich ungefähr 4 800 Gulden betragen würde, während der Herstellungspreis in Holland sich mindestens auf 28 000 fl. stellen würde.

Noch schlimmer steht es um die österreichische Krone, worauf ich später noch zurückkommen werde; infolge der Entwertung der Krone konnte ein bekannter, bedeutender Badeort für 15 Millionen Kronen zum Verkauf angeboten werden, welche Summe den Wert der Gebäude, Brunnen und alles sonstigen Zubehörs umfaßte, während der Käufer verpflichtet war, die Schuldenlast des Badeortes zu übernehmen; rechnet man die Krone zu 2 Cents, dann ergibt sich für den ganzen Badeort ein Kaufpreis von 300 000.— fl. holländischer Währung, ein Preis, der gegenwärtig für ein einziges großes Herrschaftshaus in Amsterdam bezahlt werden muß.

Hieraus entstand eine Gegenbewegung: die ausländischen Markbesitzer wollten diese Beträge benutzen, um in Deutschland vorrätige Güter aufzukaufen und sie nach ihrem eigenen Lande schaffen zu lassen. Bücher, Klaviere, Automobile, Lederwaren und zahllose andere Gegenstände, die Deutschland noch vorrätig hatte, wurden während der letzten Monate in großen Mengen durch das Ausland aufgekauft; auch hier war wieder vor allem das „Loch im Westen" ein großes Schlupfloch. Die deutschen Verkäufer erhielten dann ihre eigene Valuta in Zahlung in Beträgen, die das Vielfache ihrer früheren Preise bedeuteten, also scheinbar zu ihrem Vorteil; in Wirklichkeit jedoch verkauften die Deutschen auf diese Weise ihre wertvollsten Waren an das Ausland gegen Zahlung in Papiergeld, dessen Wert tagtäglich geringer wurde. Dieser Vorgang bedeutete also eine Aussaugung, eine Beraubung Deutschlands, die man neuerdings mit dem technischen Ausdruck „Entgüterung" bezeichnet.

II. Kapitel.

Die Folgen dieser Zerrüttung für die verschiedenen Schuldner- und Gläubigerländer.

Welches sind nun die Folgen, die sich aus den oben skizzierten Verhältnissen für die Länder ergeben, die, wie Deutschland und Österreich, in erster Linie Schuldner, und für Länder, die überwiegend Gläubiger sind?

Eine Antwort auf diese Frage kann Österreich einerseits und die Vereinigten Staaten von Nordamerika anderseits geben als typische Beispiele entgegengesetzter Richtung. Bei der Ausarbeitung der folgenden Analyse habe ich mich vorläufig auf Deutschland beschränkt, da die Verhältnisse in diesem Lande den Entwicklungsgang so deutlich veranschaulichen. Österreich befindet sich jedoch ein großes Stück weiter auf dem Wege des Unglücks als Deutschland; der Auflösungsprozeß hat in Österreich viel schnelleren Fortgang genommen. Die Krone ist, in holländischer Währung ausgedrückt, gesunken auf weniger als 2 Cents für eine Krone, am 10. Dezember sogar auf 1½ Cents, gegenüber einer früheren Parität von 50 Cents. Jedoch auch die Notierung von 2 Cents und weniger ist eigentlich fiktiver Natur, da ein Markt in Kronenvaluta in Wirklichkeit nicht mehr besteht. Dies bedeutet also für Österreich, daß es die Krone nicht mehr als Zahlungsmittel verwenden kann. Österreich kann also mit seinem eigenen Gelde nichts mehr kaufen; es kann Lebensmittel und Rohstoffe vom Auslande nur noch erhalten entweder gegen Verkauf seiner Kunstschätze und zum Teil von eigenen Gebrauchsgütern sowie Lieferung der wenigen Güter, die es noch aus eigenen Vorräten zu produzieren vermag, oder aber es kann diese Lebensmittel und Rohstoffe auf Kredit beziehen, und schließlich können sie dem Lande als Gaben der Wohltätigkeit an Notleidende zufließen. Die Verhältnisse sind dadurch nahezu verzweifelte geworden, und täglich wächst die Zahl der Menschen, an denen sich die Tragödie vollzieht: sie sterben vor Elend und Erschöpfung. Jeden Tag und in immer steigendem Umfange vollzieht sich vor den Augen der sogenannten zivilisierten Welt das beschämende Schauspiel, daß ein Volk auf ebenso furchtbare Weise unterzugehen droht, als dies vor dem Mittelalter unter den Urvölkern Europas geschehen konnte.

Der Kurs des amerikanischen Dollars entwickelt sich dagegen mehr und mehr in entgegengesetzter Richtung. Amerika ist überwiegend Gläubigerstaat geworden; außerdem verfügt dieses unermeßliche Land noch immer über große Vorräte an Lebensmitteln, Futtermitteln und Rohstoffen für die Industrie. Die übrigen Länder der Welt können sich also nur mit Mühe Zahlungsmittel auf Amerika verschaffen, und sie haben gleichwohl weitere Lieferungen seitens der Vereinigten Staaten sehr nötig. Amerika muß also die Erfahrung machen, daß der wirtschaftliche und finanzielle Zustand von vielen seiner Schuldner tagtäglich ungünstiger wird und daß viele seiner früheren Abnehmer von Tag zu Tag mehr von ihrer Kaufkraft Amerika gegenüber einbüßen. Amerika könnte sich nun zwar wohl auf den Standpunkt stellen, daß es selbst groß genug ist, um einen großen Teil seiner eigenen Produktion im eigenen Lande verbrauchen zu können, aber dies wäre doch nur bis zu einem gewissen Grade richtig. Es ist unausbleiblich, daß in den Vereinigten Staaten selbst eine bedenkliche Überproduktion entsteht mit all ihren Folgeerscheinungen, wie einen großen Preissturz der Waren und schließlich Arbeitslosigkeit, wenn so viele von den früheren Abnehmern Amerikas in Wegfall kommen oder sich wenigstens bei ihren Ankäufen bedeutende Einschränkungen auferlegen müssen. Auch für Amerika bereitet sich also trotz seiner

Wohlfahrt, oder besser ausgedrückt infolge der Einseitigkeit dieser seiner Wohlfahrt, eine ernstliche Krisis vor.

Die anderen Länder gruppieren sich zwischen diese beiden Extreme, einige stehen mehr auf der Seite Deutschlands und Österreichs, andere dagegen mehr auf der Amerikas. Zu den an erster Stelle genannten Ländern gehören die übrigen Länder, die am Kriege teilgenommen haben und jetzt unter ihrer Schuldenlast seufzen, die sich nur unter immer größer werdenden Schwierigkeiten Kredite in anderen Ländern verschaffen können und deren inländischer Geldumlauf auch eine zu starke Vermehrung erfahren hat; der Stand ihrer Valuta den anderen Ländern gegenüber liefert hierfür auch einen sinnfälligen Beweis. Zu den an zweiter Stelle genannten Ländern gehören vor allem die früheren Neutralen und einige Länder des Ostens; unter diesen Ländern befinden sich vor allem die Neutralen in der eigenartigen Lage, daß sie einerseits dringend Rohstoffe, Kohlen usw. benötigen, um ihre industriellen Betriebe wieder in Gang zu setzen; wenn ihnen dies jedoch in der Tat gelungen ist, dann werden sie teilweise vor die andere Schwierigkeit gestellt, daß ihre früheren Abnehmer ihre Kaufkraft entweder ganz verloren oder zum wenigsten ernstliche Einbuße an ihrer Kaufkraft erlitten haben. Auch die Neutralen werden also Maßnahmen treffen müssen, um diesem Mangel auf seiten ihrer Abnehmer abzuhelfen.

Wir sehen also auch hier wieder, wieviel der Krieg in der Welt zerstört und vernichtet hat, und wir stellen vor allem auch fest, wie diese Vernichtung nach dem Zustandekommen des Waffenstillstandes weitere Fortschritte gemacht hat. Vor dem Kriege hatte sich die Welt zu einem großen Organismus, zu einer einzigen großen Maschine entwickelt; einige Räder dieser Maschine sind jetzt vollständig vernichtet, andere entbehren des Schmieröles und knirschen in ihren Achsen, da Sand in diesen Teil der Maschine geraten, so daß auch ihnen ein ernstlicher Defekt droht. Die Maschinenanlage als Ganzes muß unerbittlich weiterarbeiten, und die Arbeit, die früher von den jetzt defekten und knirschenden Teilen mühelos erledigt wurde, häuft sich nun in gefahrdrohender Weise bei den noch funktionierenden Teilen an und droht auch bei diesen eine Zerstörung anzurichten.

Möchte doch die Welt jetzt einmal einsehen und begreifen, daß ein jeder das Funktionieren seines Teiles der Maschine nicht verbessern kann, wenn er die anderen Teile noch gründlicher zerstört.

Dieser furchtbaren Verwirrung, die sich über die ganze Welt erstreckt, kann auch nicht durch einzelne abgeholfen werden; dazu ist das Zusammenarbeiten aller erforderlich. Wir stehen vor ganz anderen und viel nachhaltigeren Folgeerscheinungen eines Krieges als nach der Beendigung früherer Kriege; der noch nie erlebte Stand der Wechselkurse kann dies beweisen. Ganze Länder befinden sich wieder in Verhältnissen, die uralten Zeiten angehören, als man noch kein Währungssystem besaß, das den Anschluß an einen Weltverkehr in irgendwelcher Form ermöglicht hätte.

Nur ein wohldurchdachtes System, an dessen Durchführung alle bedeutenderen Länder in ihrem eigenen Kreise mitarbeiten können, kann die Welt aus diesem Chaos erretten. Die Gewährung von einzelnen, zersplitterten Krediten vermag dies nicht allein zu erreichen, ja, sie ist sogar letzten Endes vollkommen nutzlos; sie bedeutet schließlich nur Kraftverschwendung, nachteilig sowohl für den Kreditgeber als den Kreditnehmer.

III. Kapitel.

Mittel und Wege zum Wiederaufbau.

Vier grundlegende Regeln sind es, die nach meiner Meinung für die Lösung dieses Chaos in Betracht kommen und auf die ich daher die Aufmerksamkeit lenken möchte:

1. Einstellen der Schaffung künstlicher Kaufkraft durch Ausgabe von Staatsschuldverschreibungen, Kommunalobligationen und Papiergeld (einschließlich Banknoten).
2. Revision der Schulden.
3. Eine allgemeine Kreditorganisation, an der sich alle bedeutenderen Länder der Welt beteiligen können.
4. Einrichtung eines organisierten Warentauschverkehrs für Staaten, deren Valuta nicht mehr als Zahlungsmittel im Weltverkehr angenommen werden kann.

Im Anschluß hieran, jedoch erst in zweiter Linie, kann man sich meines Erachtens befassen mit

5. der Reorganisation des Geld- und Zentralnotenbankwesens in den verschiedenen Ländern, deren Valuta so stark gesunken ist. Der Lösung dieses Problems, des fünften Punktes auf dem Programm des Wiederaufbaues der heimgesuchten Länder, kann man sich jedoch erst dann mit voller Kraft

widmen, wenn zuerst der Weg gebahnt ist für die Mittel und Wege zum Wiederaufbau, die wir unter 1—4 aufgezählt haben.

1. Einstellen der Schaffung künstlicher Kaufkraft.

Wohl von keinem Lande der Welt kann man in diesem Zeitpunkte behaupten, daß es sich nicht mißbräuchlich der Schaffung künstlicher Kaufkraft schuldig gemacht hat durch die Ausgabe von Staats- und Kommunalschuldverschreibungen sowie durch Emission von Papiergeld.[1])

Sogar die Vereinigten Staaten von Nordamerika, deren finanzielle Position so stark ist, verspüren die Nachteile dieser übermäßigen Ausgaben von Staatsschuldverschreibungen und Papiergeld. Die Emission von Noten durch die Federal Reserve Banken ist per 14. November 1919 gestiegen auf $ 2 808 456 000, während sie am 23. März 1917, vor der amerikanischen Kriegserklärung, $ 346 804 000 betrug. Die Position der Federal Reserve Banken ist zwar an sich noch günstig zu achten, da sie noch über so große Mengen Goldes verfügen; stellt man diesen Goldvorrat ($ 2 133 260 000 am 14. November 1919) jedoch dem Gesamtbetrage der im Umlauf befindlichen Noten, $ 2 808 456 000, und der Guthabensaldi im Kontokorrentverkehr, $ 2 881 832 000 am 14. November 1919 gegenüber, dann ergibt sich, daß die Metalldeckung trotz des enormen Goldvorrates in Nordamerika nicht mehr als 37,49 % beträgt. Aus diesem Grunde offenbart sich auch in den amerikanischen Verhältnissen

---

[1]) Einfachheitshalber werde ich in dieser Abhandlung zu dem „Papiergeld" auch die durch die Zentralnotenbanken ausgegebenen Banknoten rechnen, obwohl als „Papiergeld" im engeren Sinne nur das durch den Staat ausgegebene Papiergeld bezeichnet werden kann.

Verschiedene der folgenden Zahlen sind Zeitschriften entnommen, u. a. „The Statist" vom 29. November 1919 (S. 1157). In Ermanglung offizieller Daten nehme ich also an, daß die Angaben in den erwähnten Zeitschriften richtig sind.

bereits eine gewisse Spannung, und die heftigen Schwankungen der Geldkurse, die sich während der letzten Wochen in Amerika geltend machten, werden denn auch schon als eine Folgeerscheinung dieser Spannung angesehen, die Veranlassung zur Beunruhigung des Inlandes gibt. Wo nun selbst in Amerika in dieser Beziehung die Verhältnisse zu wünschen übrig lassen, wieviel ungünstiger muß dann das Bild sein, das die anderen Länder ergeben?

Die schwebende Schuld Englands beträgt jetzt (am 22. November 1919): an „Treasury Bills" und „Ways' and Means' Advances" £ 1 294 141 000, an „National War Bond Receipts" £ 1 732 780 000, während sie sich vor dem Kriege auf £ 15 500 000 an „Treasury Bills outstanding" (The Economist, 1. August 1914, Seite 248) belief. England hat jetzt (am 26. November 1919) einen Papiergeldumlauf von £ 86 693 965 an Noten der Bank of England und von £ 338 347 000[1]) an sogenannten „Bradburies", das heißt „currency-notes" zu £ 1/-/- und 10 sh., die durch die englische Regierung während des Krieges in Umlauf gebracht wurden. Der Geldverkehr in England vollzieht sich jedoch zum überwiegenden Teil durch die Abgabe von Schecks auf die Bank of England oder auf die Privatbanken. Will man also den Umfang des Geldumlaufs in England beurteilen, so muß man stets berücksichtigen die Guthabensaldi von Privaten und von der Regierung bei der Bank of England sowie die Saldi bei den Privatbanken, wogegen Schecks abgegeben werden können. England sah sich denn auch schon vor längerer Zeit gezwungen, die Abgabe von Gold einzustellen, und die Entwertung des Pfund Sterling tritt nicht nur in Erscheinung in dem niedrigen Wert auf dem inter-

---

[1]) Bei der Beurteilung dieser Zahlen muß man natürlich berücksichtigen, daß das Gold, das früher in großen Mengen im Umlauf war, jetzt aus der Zirkulation verschwunden ist, und daß ein Teil der neuemittierten Umlaufsmittel also an die Stelle des Goldes getreten ist.

Die Golddeckung des englischen Papiergeldes betrug am 26. November 1919: für die Noten der Bank of England £ 86 314 065, für die „currency-notes" £ 28 500 000.

nationalen Geldmarkte, sondern auch in der Tatsache, daß der Goldpreis auf dem freien Markte am 22. November 1919 sogar auf 103 sh. per Unze fein gestiegen ist, gegenüber einer Parität vor Ausbruch des Krieges von 77/9 per Unze Standard, so daß Gold in England jetzt ein Agio von 20 % notiert, verglichen mit dem in Umlauf befindlichen Pfund Sterling.

In Frankreich sind die Verhältnisse noch ungünstiger. In holländischer Währung ausgedrückt notiert der Frank jetzt ungefähr 23, während die Parität vor dem Kriege 48 betrug. Die Banque de France hatte bis zum 4. Dezember 1919 Frs. 37 756 325 940 an Banknoten ausgegeben, während sie unter ihren Aktiven als Gegenwert dieser Emission eine Forderung auf den Staat in Höhe von Frs. 30 040 000 000 besitzt.

Nimmt man an, daß der amerikanische Dollar gegenwärtig mit Gold gleichwertig ist, da Amerika als einziges Land ohne jede Beschränkung Gold abgibt, dann weist das Pfund Sterling diesem Golddollar gegenüber (am 22. November 1919) ein Disagio von 16,88 %, der Frank ein Disagio von 50,25 % auf, da die New Yorker Kurse an diesem Tage resp. 4,045 und 9,60 lauteten. Diese Zahlen sollen hier nur als Beispiele dienen. Wie bedenklich sie auch sein mögen, so ergibt sich doch, daß die Lage Deutschlands und Österreichs noch viel schlimmer, ja nahezu hoffnungslos ist, da sie dem amerikanischen Golddollar gegenüber ein Disagio von 90,55 % für Deutschland und von 96,66 % für Österreich aufweisen.

Diese Verhältnisse sind natürlich als eine Folge des Krieges anzusprechen, und vielerlei Einflüsse haben daher an der Entstehung eben dieser Verhältnisse mitgewirkt; die unmittelbare Ursache ist jedoch zweifelsohne in der hemmungslosen Emission von schwebenden Staatsschulden und von Papiergeld zu suchen. Die Länder, die in dieser Beziehung am weitesten gegangen sind, weisen denn auch die größte Entwertung bei der Valuta auf, und für Österreich bedeutet diese Entwertung praktisch die vollständige

Vernichtung seiner Valuta[1]). Die Schaffung dieser künstlichen Kaufkraft ist also als das Grundübel anzusehen, und an ein Wiederaufbauen ist nicht zu denken, wenn nicht durchgreifende Maßnahmen getroffen werden, um die weitere Schaffung künstlicher Kaufkraft zu verhindern.

Schon des öfteren hatte ich Gelegenheit, darauf hinzuweisen, auf welch einem gefährlichen Wege sich der Staat befindet, der sich durch übermäßige Schaffung künstlicher Kaufkraft zu helfen sucht.[2]) Die Warenpreise mußten in solchen Ländern nahezu ins Unermeßliche steigen; die Löhne mußten naturgemäß beträchtlich erhöht werden, und diese Erhöhung der Löhne führte an sich natürlich wiederum zu einer weiteren Steigerung der Warenpreise; aber trotz dieser Erhöhung der Löhne gerieten die Lohnarbeiter in eine ungünstigere Lage als vor dem Kriege. Wir sehen, daß beispielsweise in Deutschland die Löhne vielleicht bereits auf das Fünf- oder Sechsfache des früheren Standes gestiegen sind; die Entwertung der Mark hat jedoch noch schnellere Fortschritte gemacht, so daß der Arbeiter schließlich ver-

---

[1]) Nach dem Bankausweis vom 15. November 1919 betrugen die Aktiva und Passiva der Österreich-Ungarischen Bank (die Beträge abgerundet auf Millionen Kronen):

Aktiva		Passiva	
Gold, Goldwechsel auf das Ausland und Silber	325	Kapital und Reserve	252
Ungarische Staatsnoten und Kriegsdarlehenskassenscheine	785	Banknoten i. Umlauf	50.583
Diskontierte Wechsel ...	5 845	Kontokorrentsaldi und andere sofortfällige Verbindlichkeiten	7 236
Lombard	8 897	Pfandbriefe im Umlauf ..	261
Forderungen auf den Staat	43 462	Kassenscheine im Umlauf	1 666
Effekten	49	Sonstige Passiva........	1.296
Hypotheken	264		
Sonstige Aktiva	1666		

[2]) Siehe u. a. in den Abhandlungen der Königl. Akademie der Wissenschaften: „Betrachtungen über das Teuerungsproblem", gesondert herausgegeben bei W. P. van Stockum & Sohn, Haag, Mai 1919.

hältnismäßig noch weniger Lohn empfängt als vor dem Kriege. Eine große Anzahl von Personen, die für ihren Lebensunterhalt auf feste Einkommen angewiesen ist, deren Einkünfte also nicht im Verhältnis zur Steigerung des Preisniveaus vergrößert werden konnten, ist in Not und Elend geraten. Am schlimmsten ergeht es dem sogenannten intellektuellen Mittelstand, zu dem eine Reihe von Gelehrten, Ärzten, Lehrern, kleineren Händlern gehören, also gerade die Personen, die in normalen Zeiten durch ihre unermüdliche Arbeit die Entwicklung eines Volkes so kraftvoll fördern. In Österreich sind, trotz der verhältnismäßig noch viel bedeutenderen Steigerung der Löhne, die Verhältnisse auch für die Arbeiter unhaltbare geworden.

Es ist demnach als vollkommen nutzlos anzusehen, wenn man Ländern Kredite einräumt, die sich nicht imstande fühlen, mit dieser Schaffung von neuen Schulden, denen keine Aktiva gegenüberstehen, endlich einmal aufzuhören. Finanzielle Hilfe für Länder in einer solchen Lage würde versinken in dem bodenlosen Abgrund ihrer eigenen Geldentwertung, und der Geldgeber wird seinen Schuldner immer tiefer in den Morast versinken sehen, ohne daß seine hilfsbereite Hand dies verhindern könnte.

Man wird natürlich demgegenüber geltend machen, daß die Länder, die sich auf dieser schiefen Ebene befinden, durch bittere Notwendigkeit dazu gezwungen werden, Geld zu schaffen, da sie doch imstande sein müssen, ihre Beamten weiterhin zu bezahlen und auch in der Zukunft Lebensmittel zu kaufen. Dies ist jedoch ein Scheinargument; denn die Gefahren, denen sie zu entgehen trachten, Mangel an Lebensmitteln, Hungersnot, Untergang der bestehenden Gesellschaftsordnung, stellen sich doch ein, wenn auch nach einem kurzen künstlichen Aufschub; dann aber treten sie in einem solchen Umfange auf, daß eine Rettung fast unmöglich erscheint, so daß sicherlich viele in einem solchen Lande werden zugrunde gehen müssen. Österreich liefert wiederum hierfür den besten Beweis. Aufschub hat also lediglich größere Nachteile zur Folge, er macht den Wiederaufbau schwieriger; wenn nicht Menschenhände inzwischen eingegriffen haben, dann wird die Not die ganze Bevölkerung schließlich am eigenen Leibe fühlen lassen, daß die Katastrophe unabwendbar ist, wenn man auf diesem Wege weiter fortschreitet. Die Katastrophe wird dann doch das bringen, woran sich Menschenhände nicht wagten, nur mit dem Unterschied, daß durch das Zögern beim Eingreifen die Verhältnisse sich noch weit mehr verschlechtert haben werden.

2. Revision der Schulden.

Eine zweite Frage, die man zu entscheiden haben wird, ist, ob auf die Dauer die Schulden bezahlt werden können, welche die kriegführenden Länder kontrahiert haben oder welche ihnen noch auferlegt werden. Es ist eine merkwürdige Tatsache, daß, wo im allgemeinen noch so wenig von internationalem Zusammenarbeiten die Rede sein kann, und das eine Land das andere noch immer zurückstößt, verschiedene gerade unter diesen Ländern sich aufeinander verlassen, um ihre Schulden bezahlen zu können. An erster Stelle unter den Gläubigerländern im allgemeinen stehen naturgemäß die Vereinigten Staaten von Nordamerika und Großbritannien. Beide Länder haben ihren Verbündeten während des Krieges sehr bedeutende Summen geliehen, und sie haben das Recht, zu verlangen, daß ihre Schuldner ihren Verpflichtungen nachkommen. Verschiedene dieser Schuldnerstaaten haben ihrerseits den Zentralmächten gegenüber sehr bedeutende Schadensersatzansprüche erhoben und sich bei der Aufstellung ihrer Budgets fest darauf verlassen, daß die Zentralmächte diese großen Beträge auch an sie zahlen werden.

Es genügt jedoch nicht, diese Forderungen auf Papier zu fixieren, und wenn auch das Papier einen solch offiziellen Charakter trägt, wie er dem Friedensvertrage zukommt. Vor allen Dingen wird festgestellt werden müssen, daß die besiegten Länder in der Tat imstande sein werden, diese

Schulden zu bezahlen. Deutschland muß nun spätestens am 1. Mai 1921 eine Summe von 20 Milliarden Mark in Gold oder Goldwert als erste Abschlagszahlung auf die Schadensersatzforderung leisten. Sodann muß es 40 Milliarden Mark bezahlen in der Form von auf Gold oder Goldwert lautenden Inhaberobligationen, die sich während der Jahre 1921 bis 1926 mit $2\frac{1}{2}$ % verzinsen sollen, während der Zinsfuß nach dem Jahre 1926 auf 5 % erhöht werden wird. Vom Jahre 1926 an muß außerdem 1 % für die Amortisation dieser Schuld aufgebracht werden. Schließlich mußte sich Deutschland verpflichten, nochmals einen Betrag von 40 Milliarden Goldmark fünfprozentige Inhaberobligationen zu emittieren, wenn die „Commission des Réparations", welche jetzt die Ausführung des Friedensvertrages überwachen wird, zu der Überzeugung gelangt, daß Deutschland in der Tat imstande sein wird, auch diese letzte Zahlung von 40 Milliarden Mark in Gold aufzubringen. Dies ist also schon ein Zeichen dafür, daß man sich in Ungewißheit befindet hinsichtlich der Möglichkeit, ob Deutschland in der Tat imstande sein wird, diese Kriegsentschädigung von 100 Milliarden Mark zu leisten; in der „Commission des Réparations" hat man eine Stelle gefunden, die nach eingehender Untersuchung eine definitive Entscheidung über die Grenzen der Zahlungsfähigkeit Deutschlands treffen darf.

Es ist jedoch sehr wünschenswert, wenn nicht dringend erforderlich, dasselbe gesunde Prinzip auch hinsichtlich der Zahlungsfähigkeit der anderen Länder anzuwenden und dieses auch auf die Feststellung der Möglichkeit anzuwenden, ob Deutschland auf die Dauer wohl die ersten 20 plus 40 Milliarden Mark insgesamt wird aufbringen können. Vor allem wird man ja nach Wahrheit suchen müssen, um die gewaltigen Probleme des gegenwärtigen Chaos lösen zu können. Was nützt es, diese Probleme noch zu erschweren durch phantastische Vorstellungen über die Zahlungsfähigkeit von gewissen Völkern, welche Vorstellungen sich in der Zukunft als unrichtig herausstellen würden und auf denen inzwischen andere Staaten ihre Finanzpolitik aufgebaut haben werden? Jetzt, unter dem Eindruck ihres glorreichen gemeinschaftlichen Handelns während des Krieges, stehen die verschiedenen Länder der Entente in freundschaftlichen Beziehungen zueinander. Für die Freundschaft gibt es jedoch kein Verhältnis, das gefährlicher wäre als das von Gläubiger und Schuldner. Wenn sich herausstellen sollte, daß der Schuldner seinen Verpflichtungen dem Gläubiger gegenüber auf die Dauer nicht nachzukommen vermag, auch schon aus dem Grunde, weil der Schuldner seinerseits für seine Forderungen auf Dritte keine sofortige Begleichung wird erlangen können, so können daraus endlose Verwicklungen entstehen. Diese Verwicklungen werden von Einfluß sein auf die Verhältnisse im Inlande in den betreffenden Schuldnerstaaten, die fortwährend unter dem übermächtigen Druck allzu großer Finanzsorgen stehen werden, und die natürlich danach streben müssen, ihren Kredit im internationalen Verkehr intakt zu erhalten dadurch, daß sie ihren Verpflichtungen prompt nachkommen. Diese Verwicklungen werden jedoch schließlich auch auf die Dauer das gute Einvernehmen zwischen den großen Gläubigern jenseits und den Schuldnern diesseits des Ozeans untergraben. Es ist also lediglich ein Akt kluger Staatsmannschaft, wenn jedes Land für sich seine Bilanzposten einer genauen, ernstlichen Durchsicht unterwirft. Die Feststellung der Schulden wird ohne Schwierigkeiten geschehen können, die größte Schwierigkeit wird sich jedoch ergeben, wenn es gilt festzustellen, ob die Forderungen auf Dritte, nach welcher Erfüllung die Schulden erst bezahlt werden können, auch in der Tat eintreibbar sein werden. Gefühlsargumenten braucht man hier keinen Platz einzuräumen; man braucht sich nicht zu berufen auf das Mitleid mit dem besiegten Feinde, vor allem nicht, wo noch zu viele Klagen über das frühere Auftreten eben dieses besiegten Feindes die Gemüter verbittern; wohl aber wird es im Interesse aller Länder liegen, wenn bei der großen Endabrechnung, die jetzt für viele kommende Jahre aufgestellt werden muß, nicht gleich schon der Ausgangspunkt auf einer unrichtigen

Vorstellung von den Tatsachen und von der Zahlungsfähigkeit der Schuldner beruht. Jetzt ist es noch möglich, hierüber in freundschaftlicher Weise zu beraten und den Wert dieser sogenannten Bilanzaktiva einer gewissenhaften Prüfung zu unterziehen; später wird dies viel schwieriger werden, vor allem viel schwieriger vom politischen Standpunkte aus, da eine spätere Revision praktisch die Erklärung in sich schließen müßte, daß man außerstande ist, seinen finanziellen Verpflichtungen, die man Dritten gegenüber auf sich genommen hat, nachzukommen. Dies wird nicht nur für das Ehrgefühl einer stolzen Nation sehr peinlich sein, sondern auch vom rein sachlichen Standpunkte aus gesehen wird dies eine unerträgliche Last werden können für diese Länder, deren Kreditwürdigkeit in den Augen der Welt ernstlichen Schaden erleiden wird, wenn der bleischwere Druck nicht bezahlter Schulden weiterhin auf ihnen lastet. Wenn nicht in dieser Beziehung nach Wahrheit und Klarheit gestrebt wird, dann wird die Gewährung großer internationaler Kredite an Länder, deren finanzielle Lage sich in der Zukunft als so unsicher herausstellen wird, großen Schwierigkeiten begegnen, wenn nicht gar auf die Dauer unmöglich werden. Nach vielen Jahren kann dann ein finanzieller Zusammenbruch entstehen, der jetzt noch durch klügere Führung und größeren Mut, um der Wahrheit ins Auge zu sehen, vermieden werden könnte.

Auch in dieser Hinsicht mögen die Wechselkurse jetzt als ernste Warnung dienen. Wo die Entwertung der Wechselkurse bereits eine solch deutliche Sprache redet, ist Ableugnen der Wahrheit nutzlos.

3. Eine allgemeine Kreditorganisation, an der alle bedeutenderen Länder der Welt teilnehmen können.

Wenn man erst Klarheit geschaffen hat über die Schulden, dann kann man für den Wiederaufbau der Welt wichtige Arbeit leisten, indem man den Ländern größere Kredite verschafft, die durch den Krieg am meisten gelitten haben, und deren Valutaentwertung jetzt ein ernstliches Hindernis bildet auf dem Wege der Genesung der erlittenen Schäden. Auch hier wird wiederum nur ein Zusammenarbeiten von einer größeren Anzahl von Ländern zu einer befriedigenden Lösung führen können. Aus diesem Grunde darf in dieser Beziehung kein Wetteifer und vor allen Dingen keine Mißgunst zwischen den verschiedenen Ländern entstehen, die imstande sein werden, Kredite zu gewähren; sie dürfen, mit anderen Worten, nicht danach streben, für sich selbst unter Ausschließung der anderen die größtmöglichsten Vorteile zu erlangen. Es kann niemals im Interesse der Allgemeinheit liegen, daß ein gewisses Land oder eine gewisse Gruppe von Ländern besondere Vorzugsrechte oder besondere Unterpfänder erhält zur Sicherung der gewährten Kredite, zum Nachteil der Kreditgewährung von seiten anderer Länder; in diesem Falle wird ja diese Kreditgewährung an jene hilfsbedürftigen Staaten Beschränkungen unterworfen, die der Gesamtheit lediglich Schaden bringen können.

Ein jedes Land, das imstande ist, Güter zu liefern, hat bis zu einem gewissen Grade eine besondere Art von Produkten, die für den Export zur Verfügung gestellt werden können. Man möge nun auch international untersuchen, auf welche Weise sich eine zweckmäßige Arbeitsteilung auch hinsichtlich der Warenlieferungen an die hilfsbedürftigen Länder erreichen läßt. Hierbei stelle man sich auf den weitblickenden Standpunkt, daß man zwar Geschäfte abschließen will — denn auch hier dürfen nicht zuviel Gefühlsmomente mitsprechen —, daß man sie jedoch nicht abschließen will in der Absicht, um selbst durch diese Transaktionen direkt einen großen Gewinn zu erzielen, sondern vielmehr in erster Linie, um mitzuarbeiten an dem Wiederaufbau der ganzen Welt, wodurch die hilfsbedürftigen Länder wieder in die Lage kommen werden, auf die Dauer als Käufer auf dem Weltmarkte aufzutreten.

Eine derartige allgemeine Kreditorganisation müßte auch den Grundsatz aufstellen, daß den hilfsbedürftigen Staaten nicht Geld, sondern Waren, Lebensmittel, Rohstoffe für die Wiederbelebung der Industrie, Transportmittel usw. auf Kredit zur Verfügung gestellt werden, und daß die Lieferanten eines jeden als Helfer auftretenden Landes in ihrem eigenen Lande durch die Kreditorganisation Zahlung erhalten, welche im eigenen Lande die, für die Abrechnung mit den Lieferanten der für die hilfsbedürftigen Länder bestimmten Waren benötigten Mittel beschaffen wird. Man wird also danach streben müssen, eine Organisation zustande zu bringen, bei welcher auf der einen Seite die sogenannten „lending countries" stehen, die gemeinschaftlich der anderen Gruppe von Ländern Kredite gewähren werden, den sogenannten „borrowing countries", die der Unterstützung bedürfen beim Wiederaufbau ihres Wirtschaftslebens.

Ein weiteres Problem, das hierbei entsteht, ist die Frage, in welcher Valuta derartige Kredite eingeräumt werden sollen.

Langwierige Besprechungen haben bereits stattgefunden zwischen Personen verschiedener Nationalität über die Möglichkeit, eine derartige Organisation ins Leben zu rufen auf der Basis einer Weltverrechnungseinheit, wobei man ausging von dem Gedanken, in dem zu diesem Zwecke zusammengeschlossenen „lending countries" eine Art von einheitlicher Obligation auszugeben, deren Wert für jedes Land gleich sein sollte, womit man erreichen wollte, daß diese Obligation in all diesen Ländern zum gleichen Werte lieferbar wäre. Dieses Problem ist unter den gegenwärtigen Verhältnissen noch nicht reif zur Lösung; die Valuten der einzelnen Länder weichen dazu ja noch zuviel voneinander ab. Vor dem Kriege, als das Gold überall die Basis des Münzwesens bildete, war es möglich, derartige Obligationen auszugeben, wobei von vornherein ein fester Umrechnungskurs für jedes Land festgesetzt wurde. Eine Reihe von ausländischen Obligationen wurde dann auch emittiert unter der Bedingung, daß sowohl die Kupons als auch die ausgelosten Stücke nach Wunsch des Besitzers in der Valuta von verschiedenen Ländern eingelöst werden konnten. Selbst wenn es gelänge, auch diese Schuldverschreibungen auf einen allgemeinen Goldwert zu basieren, wodurch man bis zu einem gewissen Grade einen Einheitswert für die verschiedenen Länder erreichen könnte, selbst dann würde noch die große Schwierigkeit bestehen bleiben, daß in dem Moment der Einzahlung auf dergleichen emittierte Obligationen ein sehr verschieden großer Betrag in der Landeswährung eines jeden der betreffenden Länder bezahlt werden müßte. Nehmen wir einen Augenblick an, der amerikanische Dollar stelle den Goldwert dar und die Obligationen würden auf diesen Goldwert lautend ausgegeben, dann bedeutet dies, daß England diese Schuldverschreibungen mit einer Prämie von 20 % in seinem Pfund Sterling aufnehmen müßte, Holland mit einer Prämie von 6½ %, Schweden mit 16½ % und Dänemark mit einer solchen von 39 %. Nun könnte man zwar die von den verschiedenen Ländern zu liefernden Waren auch in diesem Goldwert kalkulieren und darin also ein Gegengewicht finden gegen die Entwertung der eigenen Valuta; hierdurch würde diese Schwierigkeit jedoch nicht überwunden werden, aus dem Grunde, weil die Obligationen nicht, oder wenigstens nicht in großem Umfange, in die Hände der Warenlieferanten gelangen können, da diese ihr Betriebskapital nicht zu Anlagezwecken bestimmen können, sondern dieses für ihren eigenen Betrieb benötigen. Die Schuldverschreibungen werden also zum größten Teile in die Hände des Kapitalanlage suchenden Publikums gelangen müssen, das, praktisch gesprochen, außerhalb der Transaktionen selbst steht. Das Annehmen einer festen Valuta für diese Schuldverschreibungen für alle Länder würde demnach diese Schwierigkeit nicht lösen können, sondern lediglich eine Verschiebung herbeiführen.

Vorläufig wird also wohl keine andere Lösung zu finden sein als daß, neben einer allgemeinen Besprechung über die Beteiligung an dieser großen internationalen Kreditorganisation, jedes der teilnehmenden „lending countries“ der Berechnung seines Anteils seine eigene Valuta zugrunde legt; dies kann auch deshalb geschehen, weil jedes Land natürlich dasjenige liefern wird, was es aus eigenen Erzeugnissen stellen kann oder was es sich im Welthandelsverkehr auf dem Wege des Transitoverkehrs über das eigene Land zu erwerben vermag.

Der Wert der anzubietenden Waren steht also dann bereits fest in der Währung eines jeden „lending country", und ein „borrowing country" kann also von jedem dieser Länder diese Güter beziehen unter Berechnung der Schuld in der Valuta des betreffenden „lending country". Jedes der „lending countries" wird dann eine Organisation ins Leben rufen müssen, sei es lediglich durch ein Zusammenarbeiten seiner Privatbanken und -bankiers mit der Zentralnotenbank, sei es mit Unterstützung der eigenen Regierung, um im eigenen Lande die für die Abrechnung mit den Lieferanten der Waren benötigten Mittel aufzubringen; auf diese Weise kann die Kreditgewährung an die „borrowing countries" ausschließlich in der Form von Warenlieferungen stattfinden, unter der Bedingung, daß die Bezahlung nach Ablauf eines bei Abschluß des Lieferungsvertrages festgesetzten Termins stattzufinden hat.

Diese Regelung würde die Möglichkeit, diese Obligationen eines jeden der „lending countries" gegenseitig international unterzubringen noch nicht ausschließen; diese Schuldverschreibungen sind ja dann faktisch zu einer eigenen Schuld eines jeden dieser „lending countries" geworden, eine Schuld, die sichergestellt ist durch eine Forderung der „lending countries" auf eines oder mehrere der „borrowing countries", und die außerdem natürlich ihrerseits wieder durch besondere durch die „borrowing countries" gestellte Unterpfänder gedeckt sein wird. Ebensogut wie man jetzt auf dem internationalen Kapitalmarkte Obligationen in fremder Währung als Anlageobjekt sucht — so waren beispielsweise in Holland schon seit einer Reihe von Jahren amerikanische Eisenbahn- und Industrieobligationen sehr gesucht —, wird man in der Zukunft Veranlassung nehmen können, aus dieser Kreditorganisation entstandene Schuldverschreibungen aus dem Auslande anzukaufen.

Sogar das spekulative Moment könnte dabei eine große Rolle spielen. Ein amerikanischer Kapitalist könnte beispielsweise der Meinung sein, daß das Pfund Sterling oder die dänische Krone große Aussicht habe, binnen absehbarer Zeit bedeutend im Werte zu steigen; er wird sich dann sicherlich veranlaßt sehen, solche aus dieser Kreditorganisation stammende Obligationen in England oder Dänemark zu Anlagezwecken anzukaufen gegen Zahlung von Pfund Sterling oder dänischen Kronen.

Soll eine derartige internationale Kreditorganisation befriedigende Resultate liefern, so wird man sehr großzügig zu Werke gehen müssen, handelt es sich hier doch nicht um die Gewährung einer Anzahl von Einzelkrediten, sondern um die Wiederbelebung ganzer Nationen. Dazu bedarf es hunderter Millionen, wenn nicht verschiedener Milliarden. Man wird naturgemäß den bei der Errichtung dieser Kreditorganisation angenommenen Betrag nicht sogleich ganz benötigen, schon aus dem einfachen Grunde, weil es nicht möglich sein wird, alle durch die „borrowing countries" benötigten Güter auf einmal zu liefern. Dazu bedarf es der Zeit sowohl zur Herstellung dieser Güter, zur Gewinnung der Ernteprodukte als auch zum Transport dieser Waren. Man wird also die Geldmärkte der verschiedenen „lending countries" nicht sogleich mit dem vollen Betrage dieser Emissionen zu belasten brauchen, wodurch die Aufnahmefähigkeit der Kapitalanlagemärkte in diesen Ländern viel besser zur Geltung wird kommen können. Man wird jedoch schon von Anfang an dieser Kreditorganisation eine solche Ausdehnung geben müssen, daß die gemeinschaftliche Hilfe an die „borrowing countries" in der Tat ausreichen wird, um diesen Ländern in ihrer Gesamtheit die Mittel zur Wiederbelebung zu verschaffen.

Ein weiterer Grundsatz für diese internationale Kreditgewährung wird sein müssen, daß, wie ich oben bereits mit einigen Worten andeutete, diese Kreditgewährung an sich nicht in der Absicht geschehen soll, bei der Kapitalanlage große Gewinne zu erzielen. Der Zinsfuß, mit welchem diese

Obligationen auszustatten wären, muß übereinstimmen mit dem auf den Geldmärkten der verschiedenen „lending countries“ geltenden Zinsfuße; man kann also annehmen, daß der Zinsfuß wohl zum mindesten 6 % wird betragen müssen. Die Anziehungskraft der Obligationen soll jedoch nicht in erster Linie auf einer hohen Verzinsung beruhen, sondern vielmehr auf der guten Sicherstellung für die ordnungsmäßige Rückzahlung der ausgeliehenen Gelder; für die Sicherung der Rückzahlung werden die „borrowing countries“ besondere Garantien geben müssen.

Aus dem oben Gesagten folgt, daß diese internationale Organisation einen derartigen Umfang besitzen muß, daß man sich nicht mehr mit der Gewährung von Einzelkrediten seitens der Bewohner eines „lending country“ an die Bewohner eines „borrowing country“ begnügen kann. Man wird in weit höherem Grade als früher im internationalen Handelsverkehr nach prinzipiellen Regeln verfahren müssen. Von dieser Kreditgewährung müssen ausgeschlossen werden die Lieferungen von Gütern, die nicht dringend benötigt werden für den Wiederaufbau der „borrowing countries“, die „non-essentials“, wie sie die Amerikaner so bezeichnend nennen. So werden beispielsweise Lieferungen von bestimmten Luxuswaren nicht in diese Finanzierung einbezogen werden können, liegt es doch im Interesse aller, daß die Kräfte eines „borrowing country“ nicht für die Bezahlung von nutzlosen Gegenständen vergeudet werden. Aus diesem Grunde muß man seitens der „lending countries“ ein Zentralorgan schaffen, in welchem jedes „lending country“ vertreten ist und welches seinen Sitz hat in einer geographisch zentral gelegenen Stadt Europas; diesem Zentralorgan wird die Aufgabe zufallen, zu untersuchen, welche Güter die „lending countries“ zu liefern imstande sind, und welche Arten von Waren als „essential“ angesehen werden können. Anderseits wird man auch in den „borrowing countries“ eine Organisation schaffen müssen, welche auf Grund einer genauen Untersuchung bekannt machen wird, welche Warenarten von den „borrowing countries“ in der Tat gebraucht werden und welche besondere Sicherheiten für die Rückzahlung der Kredite gewährt werden können. In den „borrowing countries" müssen die Regierungen diese Organisationen stützen, und von seiten einiger Länder, deren Valuta die größte Entwertung erfahren hat, werden spezielle Unterpfänder gestellt werden müssen, beispielsweise in der Form einer Verpfändung der Ein- und Ausfuhrzölle, auf dieselbe Art und Weise, wie man dies Verfahren des öfteren mit großem Erfolge bei türkischen und chinesischen Anleihen angewandt hat. Die Regierungen der „borrowing countries" können natürlich die Verantwortlichkeit für die Verschaffung derartiger besonderer Sicherheiten auf sich nehmen, da die Warenlieferung an diese Länder als eine Lebensfrage, nicht nur für einzelne Industrielle, sondern für die gesamte Bevölkerung der „borrowing countries", anzusehen ist.

Es ist also in der Tat eine Frage voll allgemeiner Bedeutung, daß diese Organisation auf seiten der „lending countries" und der „borrowing countries" soviel wie möglich nach feststehenden Grundsätzen geschaffen wird; vor allen Dingen muß vermieden werden, daß eine Kraftvergeudung entsteht durch eine Art von Wetteifer zur Gewährung von partiellen Krediten, wovon nur die am brutalsten Auftretenden den größten Nutzen haben, womit jedoch den Interessen der Allgemeinheit sicherlich nicht in demselben Maße gedient sein wird wie bei einer allgemeinen Organisation. Aus diesem Grunde kann man es auch nicht gutheißen, daß schon jetzt verschiedenen Ländern partielle Kredite eingeräumt werden sollen, vor allem dann nicht, wenn man nicht der fortgesetzten Begehung der größten prinzipiellen Fehler ein Ende machen kann, wie dies bereits im Kapitel I und II näher auseinandergesetzt wurde. Das Auffüllen von Wasser in Fässer, deren Boden so leck ist wie in diesem Fall, kann niemals zu dem erwünschten Ziele führen, sondern führt lediglich zur Vernichtung des aufs neue hineingegossenen.

Noch einer anderen Frage muß man, insbesondere hinsichtlich der „lending countries" seine Aufmerksamkeit schenken. Man könnte die Bemerkung machen, daß viele dieser „lending countries" selbst im eigenen Lande vor großen Schwierigkeiten stehen, daß auch sie noch zu vielen und großen Ausgaben gezwungen werden können, daß auch sie bereits an der Grenze einer statthaften Emission von schwebenden Staatsschulden und von Umlaufsmitteln angekommen sind und daß demnach die Schaffung neuer Kredite im Inlande zugunsten der „borrowing countries" zur fortgesetzten Schaffung von schwebenden Schulden und zur weiteren Emission von Umlaufsmitteln führen muß, wodurch die Inflation im eigenen Lande mit der damit verbundenen weiteren Preissteigerung gefördert werden wird.

Eine solche Bemerkung wäre vollkommen richtig; diese Nachteile werden in der Tat entstehen, und demnach wird jedes der „lending countries" sich dieser Gefahren auch bewußt sein müssen. Man muß hierbei jedoch auch berücksichtigen, daß auch die „lending countries" auf die Dauer nur dann wieder in normale Bahnen werden gelangen können, wenn der allgemeine Handels- und Weltverkehr wiederhergestellt wird. Falls die Lage der hilfsbedürftigen Länder während längerer Zeit so bedenklich bleiben sollte wie sie jetzt bereits ist, und falls sogar einzelne Länder dem vollkommenen Untergang anheimfallen sollten, so wird dies eine solch furchtbare Rückwirkung auch auf alle die Länder haben, die sich jetzt noch anscheinend in einer günstigen Lage befinden, so wird die zur Arbeitslosigkeit, Hungersnot und politischen Unruhen führende Desorganisation in einem solchen Maße zunehmen, daß zweifelsohne auch die sogenannten „lending countries" in das zukünftige Elend mit hineingerissen werden oder doch zum wenigsten einen sehr ernstlichen Rückschlag von dieser Katastrophe werden erleiden müssen. Auch hier bedarf es also nicht der Gefühlsargumente, wenn man auch die allgemeine Menschenpflicht, anderen zu helfen, nicht hinwegleugnen will. Auch hier kann man sich fortwährend auf rein sachlicher Basis bewegen; man wird dennoch zu der Schlußfolgerung gelangen müssen, daß die Nachteile einer zunehmenden Verelendung und Verarmung der Welt so viel größer sein werden als der im übrigen durchaus nicht abzuleugnende Nachteil einer zeitweiligen Zunahme der Inflation in den als Helfer auftretenden Ländern, und daß man die zuletzt erwähnten Nachteile auf sich nehmen muß, um auch die Lage des eigenen Landes zu verbessern.

Es wird dann ein scheinbarer Widerspruch entstehen können, dadurch, daß ein „lending country" zwar wohl bereit ist, Kredite zur Verfügung eines benachbarten hilfsbedürftigen Landes zu stellen, und dennoch im eigenen Lande die weitere Schaffung von Kreditmitteln für den eigenen Staat und für die eigenen Gemeinden einer scharfen Überwachung zu unterwerfen wünscht. Bei ernsthaftem Nachdenken wird man nichtsdestoweniger zu der Schlußfolgerung gelangen müssen, daß diese Kredite dem Auslande für produktive Zwecke gegeben wurden und daß die Lösung gerade der Schwierigkeiten im eigenen Lande auf die Dauer nur dann gefunden werden kann, wenn man auch gewillt ist mitzuarbeiten, um Ordnung zu schaffen in den Verhältnissen der uns benachbarten Länder, die unsere Abnehmer bleiben und auch ihrerseits imstande bleiben müssen, uns die Produkte zu liefern, deren wir für unsere eigene Wirtschaftsführung und für unsere heimische Industrie bedürfen.

Schenkt man diesem Zusammenhang in den „lending countries" nicht die genügende Beachtung, so wird auch in diesen Ländern ein starker Rückgang eintreten müssen, der auf die Dauer Arbeitslosigkeit und weitere Zersetzung des gesamten Wirtschafts- und Gesellschaftslebens herbeiführen muß.

4. Einrichtung eines organisierten internationalen Warenaustauschverkehrs.

Die unter I bis III genannten Maßnahmen können, auch wenn sie ohne Verzug ergriffen werden, noch nicht sogleich zur Durchführung gelangen, da es hierzu ziemlich umfangreicher Vorbereitungen bedarf. Inzwischen steigt die Not in einzelnen Ländern tagtäglich höher, vor allem in den Ländern, deren Valuta sehr stark gesunken oder nahezu wertlos geworden ist. Diese Länder können faktisch nichts mehr im Auslande kaufen. Hierdurch werden sie auch sehr behindert bei der Fertigstellung von Fabrikaten, die noch wohl hergestellt werden könnten, wenn nur einzelne Bestandteile aus dem Auslande auf Kredit bezogen werden könnten.

Im sogenannten „Veredelungsverkehr" wird dem Auslande diese Hilfe bereits gewährt; so werden beispielsweise Kredite eingeräumt für die Lieferung von Rohleder, unter der Bedingung, daß die bearbeiteten Häute oder ein Teil der daraus verfertigten Lederwaren wieder zum Verkauf nach dem Lande des Kreditgebers zurückgeliefert werden. Diese Hilfe reicht jedoch bei weitem nicht aus, und außerdem sind der Fälle nur wenige, in denen sich der Veredelungsverkehr auf so einfache Art und Weise abspielt. Die Lieferung von Rohstoffen einerseits und von Fertigfabrikaten anderseits wird in ganz andere Bahnen geleitet werden müssen. Eine Fabrik von elektrischen Maschinen ist beispielsweise imstande, elektrische Maschinen herzustellen, die definitive Fertigstellung scheitert jedoch an einem Mangel an Seide zu Isolierzwecken. Der Seidenfabrikant kann nun nicht seine Seide liefern unter der Bedingung, daß er dafür fertige elektrische Maschinen als Gegenleistung erhält, er ist also nicht gewillt, seine Seide auf Kredit zu liefern, da ihm die spätere Bezahlung nicht genügend sichergestellt werden kann. Schließlich ist auch der Fall denkbar, daß der Seidefabrikant überhaupt nicht auf Kredit liefern will, da er seine Mittel stets als flüssiges Kapital im eigenen Betriebe benötigt.

Deutschland und Österreich sind jetzt in eine solche Lage gelangt, daß sie nur mit großer Mühe Zahlungsmittel im Auslande erhalten können; bei dem gegenwärtigen Stande ihrer Valuta müßten sie das Zehn- resp. Fünfundzwanzigfache in Reichsmark und Kronen für Ankäufe im Auslande aufwenden, wenn die ausländischen Verkäufer überhaupt noch Reichsmark und Kronen als Zahlungsmittel annehmen, was jetzt als Regel sicherlich nicht einmal mehr der Fall sein wird. In Kapitel I haben wir außerdem gesehen, daß der lange Zeit hindurch fortgesetzte Verkauf von Reichsmark und Konen nach dem Auslande eine der wichtigsten Ursachen der gegenwärtigen verzweifelten Lage gewesen ist; aus diesem Grunde muß denn auch eine weitere Abgabe von Reichsmark und Kronen vermieden werden. Nur ausnahmsweise finden sich heutzutage noch Personen im Auslande bereit, unter den augenblicklichen Verhältnissen Bewohnern der beiden mitteleuropäischen Reiche einen zeitlich begrenzten Kredit einzuräumen. Die Industrie wird demzufolge in diesen Ländern großenteils zum Stillstand gebracht werden, während doch gerade Produktion mehr denn je nötig ist, um wieder zum Exportieren gelangen zu können und um aus dem Ertrag dieser Ausfuhr wieder Rohstoffe, Lebensmittel usw. kaufen zu können.

In den Ländern der Zentralmächte gibt es noch eine Reihe von Artikeln, die zum Verkauf nach dem Auslande geeignet wären und auf diese Weise noch Zahlungsmittel für den Ankauf von „essentials" liefern könnten. Wir haben jedoch bereits gesehen, wie Deutschland und Österreich diese Kräfte vergeuden, indem sie diese Waren zum Versand nach dem Auslande abgeben gegen Bezahlung des Kaufpreises in ihrer eigenen entwerteten Mark- und Kronenvaluta. Man ist erstaunt, daß Länder, die sich früher durch ihr Organisationstalent auszeichneten, jetzt dieser regellosen Entgüterung ruhig ihren Lauf lassen und so ihre letzten Exportkräfte ausbeuten lassen.

Diese Entgüterung ist für die als Käufer auftretenden Länder scheinbar ein Vorteil, in Wirklichkeit jedoch ebenfalls ein Nachteil. Es handelt sich hier um ein Dumping schlimmster Art, das nicht durch die exportierenden Länder inszeniert, sondern durch die als Importeure auftretenden Länder ins Leben gerufen wird. Von seiten der Niederlande, Belgiens, Frankreichs, der skandinavischen Länder usw. werden Waren in großen Mengen in den Ländern Mitteleuropas aufgekauft; auf diese Art und Weise werden erstens viel überflüssige Dinge gekauft aus bloßer Lust am billigen Einkaufen; zweitens jedoch muß diese Überschwemmung mit billigen Waren sehr schädlich auf den Handel und die Industrie des einführenden Landes einwirken, wie dies, übrigens vollkommen zu recht, als eine Folge des Dumping von seiten des Auslandes gefürchtet wird.

Auf beiden Seiten, sowohl beim Verkäufer als beim Käufer, ist also ein ungesunder Zustand entstanden, den es, je schneller desto besser, zu beseitigen gilt.

Dies kann geschehen durch die Einrichtung eines organisierten Warenaustauschverkehrs. Man muß im Prinzip auf die uralten Zeiten zurückgehen, in denen noch keine Verrechnungen auf der Basis eines Geldwesens stattfanden. Jetzt, wo das Geld als Vermittler zwischen gewissen Ländern ausgeschaltet ist, gilt es, einen neuen Vermittler zu finden. Als solcher könnte eine Körperschaft dienen, die ich einfachheitshalber mit dem englischen Namen „Barter-Institut" („barter": Warenaustausch im Handelsverkehr mit Urvölkern) bezeichnen möchte.

Dieser Tauschverkehr wird in seiner einfachsten Form vorliegen, wenn zwei Länder beginnen, wechselseitig ein solches Barter-Institut ins Leben zu rufen. Nehmen wir als Beispiel Deutschland und Holland. Deutschland müßte dann eine Liste derjenigen Güter zusammenstellen, die es zu kaufen wünscht, während Holland dagegen die Warenmengen registrieren müßte, die es eventuell an Deutschland zu liefern vermöchte. Deutschland müßte ferner in einer Liste zusammenstellen alles, was es sofort und alles, was es binnen einer relativ kurzen Zeit, nehmen wir an, drei Monaten bis einem Jahre, nach Beendigung der Ernte oder der Fabrikation, zu liefern vermag. Die gesamte Nachfrage und das ganze Angebot von hüben und drüben müßte sodann bei dem Barter-Institut registriert werden.

Bei der Registrierung muß zugleich eine Wertbestimmung vorgenommen werden; hierzu kann die im Umlauf befindliche Mark naturgemäß nicht mehr dienen. Die Wertbestimmung könnte demnach beiderseits in holländischen Gulden stattfinden; falls man jedoch der Stabilität des holländischen Gulden nicht genügendes Vertrauen schenkt, könnte man eine neue Rechnungseinheit, beispielsweise eine fiktive Goldmark oder einen fiktiven Goldgulden, wählen, was schließlich auf dasselbe hinauslaufen würde. Die gegenseitigen Angebote, und schließlich bei der Ausführung des Tausches die Lieferungen, müssen dann ihrem Werte nach verrechnet werden, wie dies jetzt im Handelsverkehr fortwährend geschieht bei Termingeschäften und bei dem Clearingverkehr der Banken. Hierbei werden große Beträge untereinander verrechnet, indem man sie miteinander kompensiert, so daß schließlich nur geringfügige Saldi für die effektive Verrechnung übrig bleiben, welche Endabrechnung dann sogar stattfinden kann zwischen zwei Parteien, die ursprünglich nicht miteinander in Verbindung standen. So kann zum Beispiel bei einem Bankclearing Teilnehmer A. zum Schlusse angewiesen werden, einen Schuldsaldo an Teilnehmer F. auszuzahlen, obwohl er F. direkt nichts schuldig war und vielleicht sogar überhaupt keine Geschäfte mit jenem abgeschlossen hatte.

Da dieselbe Rechnungseinheit für alle Transaktionen angenommen wird, hat jede Partei die Sicherheit, den vollen inneren Wert der durch sie gelieferten Waren zu erhalten und nicht mehr mit Papiergeld abgespeist zu werden, das bei eventueller Wiederabgabe an das Ausland nur einen Teil des Wertes besitzen wird, für den es in Zahlung genommen wurde.

Durch die Vermittlung des Barter-Instituts wird es auch wiederum möglich werden, Kredite zu gewähren auf zukünftige Lieferungen. Wenn nämlich der Fabrikant elektrischer Maschinen in Deutschland überzeugend darzutun vermag, daß er imstande ist, eine gewisse Anzahl von Maschinen binnen sechs Monaten zu liefern, für welche Maschinen schon jetzt Käufer in Holland gefunden sind, so können, falls der Seidenfabrikant seine Seide nur gegen Barzahlung liefern will, Banken und andere Geldgeber unter Mitwirkung des Barter-Instituts Gelder zur Verfügung stellen, um den Seidenfabrikanten bar zu bezahlen und auf diese Weise dem Maschinenfabrikanten Kredit zu gewähren.

Sowohl der Maschinenfabrikant in Deutschland als auch die Käufer der Maschinen in Holland können sich wegen einer solchen Kreditgewährung an ihre Banken wenden; es wird dann sehr wohl möglich sein, dafür eine juristische Form zu finden, und vom finanziellen Standpunkte aus werden sich für den Geldgeber genügende Sicherheiten finden lassen, auf die der zu gewährende Kredit zu basieren ist.

Jeder der Kontrahenten kann sodann den Wert, der ausgedrückt ist in der Rechnungseinheit des Barter-Instituts, in seine eigene Landeswährung verwandeln. Das nachfolgende Beispiel möge dies veranschaulichen:

Die Produktionskosten betragen für den deutschen Maschinenfabrikanten x; bei der Lieferung erzielt er für seine Erzeugnisse außerdem einen Gewinn von y. Mit x bestreitet er die Kosten für alle seine Rohstoffe, seine Arbeitslöhne usw.; y bleibt demnach schließlich als Überschuß zu seiner Verfügung. Diese y kann er zum jeweiligen Tageskurse in Reichsmark verwandeln, da andere Personen in Deutschland ein gleiches y benötigen, um aus dem Auslande Waren beziehen zu können. Benötigt der Fabrikant keine Reichsmark für y, so kann er selbst um so mehr Waren im Auslande dafür kaufen, oder aber er braucht das nächste Mal so viel weniger Kredit bei dem Bankier aufzunehmen, der ihm das vorige Mal Kredit gewährte.

Ähnliche Berechnungen in fiktiven Rechnungseinheiten haben in früheren Jahrhunderten in sehr bedeutendem Umfange stattgefunden durch Vermittlung der „Amsterdamsche Wisselbank" in den Vereinigten Provinzen der Niederlande und der Hamburger Wechselbank in Hamburg, die erst im Jahre 1875 durch die Reichsbank übernommen wurde. Die genannten Banken haben mit großem Erfolge internationale Verrechnungen und Clearings in dem Bankgulden und der

Markbanko durchgeführt, welche beide fiktive Rechnungseinheiten darstellten mit einer merkwürdigen Stabilität inmitten der mannigfaltigen Geldarten, die in jenen Zeiten im Umlauf waren. Die Amsterdamsche Wisselbank war sogar während mehr denn hundert Jahren das bedeutendste Verrechnungsinstitut für ganz Europa.[1])

Dieses Barter-Institut kann auch als Vermittler auftreten für neuentstandene Staaten, die noch nicht einmal im Besitze eines eigenen Geldwesens sind, wie z. B. die Tschecho-Slowakei und Polen. Die sogenannten Devisen Prag und Warschau sind auf dem öffentlichen Markte kaum verhandelbar; vermittels der Rechnungseinheit eines Barter-Instituts können sich diese Länder auf einfache Weise an den Weltgeldverkehr anschließen.

Der Anschluß an das Barter-Institut wird sich in den verschiedenen Ländern so viel wie möglich freiwillig vollziehen müssen. Die Einsicht, daß dieser Anschluß in ihrem ureigenen Interesse liegt, wird die Interessenten zum Beitritt bewegen. Jeder Deutsche und jeder Holländer hat ja doch ein Interesse daran, daß normale Zustände wiederkehren; der Bäcker hat ein Interesse daran, daß der Maschinenfabrikant seine Arbeiter beschäftigen kann, so daß sie imstande sind, sein Brot zu kaufen, und der Fabrikant hat seinerseits ein Interesse daran, daß der Bäcker genügende Mengen Mehl erhält, um ihn und seine Arbeiter mit Brot zu versehen.

Ein gewisser Zwang wird jedoch wohl angewandt werden müssen, um diesen Tauschverkehr erst einmal in Gang zu setzen; so wird man u. a. der weiteren Entgüterung Deutschlands gegen auf die Dauer Verderben bringende

---

[1]) Siehe Adam Smith, „Wealth of Nations", 4. Buch, 3. Kapitel; Sir William Temple, „Observations upon the United Provinces of the Netherlands", London, 1673, 2. Kapitel, S. 99; Montesquieu, „Esprit des Lois", Buch XXII, 10. Kapitel.

In meinem Werke „On Chinese Currency", Teil I (herausgegeben von J. H. de Bussy, Amsterdam 1912), habe ich hierüber Näheres mitgeteilt.

Zahlungen in Reichsmark entgegentreten müssen. In Deutschland wird also eine neue Preisbestimmung für Lieferungen nach dem Auslande vorgenommen werden, und diese Lieferungen müssen über das Barter-Institut geleitet werden, während im übrigen den Käufern und Verkäufern in den verschiedenen Ländern volle Freiheit gelassen wird, sich betreffend Geschäfte miteinander in Verbindung zu setzen.

Hoffentlich wird man in Deutschland und Österreich den Nutzen eines derartigen Barter-Instituts bald einsehen und gegebenenfalls genügendes Organisationstalent zeigen, um eventuelle Pläne in dieser Richtung in die Wirklichkeit umzusetzen. Für die jetzt so schwer mitgenommenen Länder wird sich dann sogleich eine Erleichterung fühlbar machen, und ihre Finanzkraft wird sich allmählich wieder erholen, auch zum Vorteil ihrer mächtigen Gläubiger.

IV. Kapitel.

Mittel und Wege zum Wiederaufbau (Fortsetzung).

5. Die Wiederherstellung des Geldwesens und des Standes der Valuta.

Das Barter-Institut soll vornehmlich tätig sein, solange das Geldwesen dermaßen desorganisiert und die Valuta in einem solchen Grade entwertet ist, daß die an diesem Übel leidenden Länder vom Weltverkehr abgeschnitten zu werden drohen.

Wenn jedoch erst einmal der richtige Weg zum Wiederaufbau beschritten sein wird, dann wird als eines der nächsten großen Probleme die Wiederherstellung des Geldwesens und des Standes der eigenen Valuta zur Hand genommen werden müssen.

Als Beispiel sei hier Österreich gewählt, da die Lage in diesem Lande augenblicklich am verzweifeltsten ist.[1])

Die Österreichisch-Ungarische Bank hat an Banknoten 50 582 595 227 Kronen ausgegeben und weist außerdem noch weitere 7 235 850 446 Kronen an sofort fälligen Verbindlichkeiten auf. Diesen Verpflichtungen stehen als Aktiva gegenüber: 325 097 376 Kronen an Gold, Silber und ausländi-

[1]) Im Rahmen dieser Ausführungen fasse ich das frühere Österreich-Ungarn als ein Ganzes unter dem Namen „Österreich" zusammen; meine Darlegungen würden zu verwickelt werden, wenn ich bei der Behandlung der Theorie die Tatsache der Verteilung in die neuen Staaten jedesmal wieder zur Sprache bringen müßte. Bei der eventuellen Durchführung einer Reorganisation wird man jedoch natürlich diese Verteilung in neue Staaten berücksichtigen müssen.

schen Goldwechseln und Goldnoten (siehe den Bankausweis vom 15. November 1919), 5,8 Milliarden Kronen an diskontierten Wechseln, 8,9 Milliarden Kronen an Lombarden und mehr als 43 Milliarden Kronen an Forderungen auf den Staat. Die Deckung der Verbindlichkeiten in Goldwert beträgt also 5,7 pro Mille oder etwas mehr als ½ %, die weitere Deckung in diskontierten Wechseln und Lombarden ungefähr 24%, und die Deckung in Forderungen auf den vormaligen Österreich-Ungarischen Staat und auf das jetzige Österreich und Ungarn ca. 76 %.

Die Bilanz an sich stimmt natürlich, denn den Passiven gegenüber stehen die Aktiva mit einem gleichen Gesamtbetrage. Darf man hieraus folgern, daß diese Passiva demnach 100 % wert sind? Natürlich keineswegs, und niemand wird dies jetzt noch im Ernst behaupten wollen; die Notierung der Krone, sowohl den Warenpreisen gegenüber als auch auf den Auslandsmärkten, beweist dies übrigens zur Genüge. Man darf anderseits aber auch die Lage nicht ungünstiger beurteilen als sie in Wirklichkeit ist, und in erster Linie wird man fragen müssen, in welchem Wertverhältnis diese Kronen entstanden sind, sowohl auf der Kreditseite (der Schuldseite) als auch auf der Debetseite (der Seite der Aktiva).

Die Krone ist dem Namen nach eine Geldeinheit, die dem Werte von 0,304 878 Gramm Feingold gleichkam. Vor dem Kriege nahm man diesen Wert als wirklich bestehend an, da man von der Zentralnotenbank entweder Gold oder Scheck in ausländischer Valuta für die nominale Krone erhalten konnte, und da man sich ferner für sein Kronengeld überall im Wirtschaftsleben Güter und Dienstleistungen verschaffen konnte, deren Wert in Übereinstimmung war mit dem nominalen Kronenwerte.

Österreich lieferte jedoch schon bald nach Ausbruch des Krieges eines der schlimmsten Beispiele für eine verwerfliche Finanzpolitik, in die auch die Österreichisch-Ungarische Bank mit hineingezogen wurde. Die Regierung gab fortwährend neue Anleihen heraus, ohne daß in Wirklichkeit ein Aktivum als Deckung für diese Schulden vorhanden gewesen wäre. Trotz aller Sophistereien, die behaupteten, das Geld käme unter die Leute, schuf man immer mehr Geld auf künstlichem Wege, welches zum größten Teil für unproduktive Zwecke verwandt wurde für Güter, die zur Vernichtung bestimmt waren. Den vergrößerten Staatsschulden stand als Deckung gegenüber nichts. Da nun für die immer größere Ausmaße annehmende Emission von Staatsschulden auch immer mehr Zahlungsmittel geschaffen werden mußten, emittierte die Zentralnotenbank fortwährend neue Noten, als deren Gegenwert die Staatsschuldverschreibungen dienten, die ihrerseits keine Deckung besaßen. Schon sehr bald mußte es also dahin kommen, daß der Nominalwert der emittierten Kronennoten dem Goldwerte nicht mehr entsprach; diese Verschlechterung hat in der vorliegenden Bilanz der Österreichisch-Ungarischen Bank (vom 15. November 1919) ihren Höhepunkt erreicht: 58 Milliarden Kronen sofort fälliger Verbindlichkeiten stehen nur etwas mehr als ½% Edelmetall und 76% sehr minderwertiger Staatsschuldverschreibungen als Deckung gegenüber.

So ist es gekommen, daß heute zwei Arten von Zahlungsmitteln nebeneinander im Verkehr sind: die Goldkrone, deren Umlauf sich beschränkt auf die tatsächlich noch vorhandenen Goldstücke, die, sofern sie sich noch in den Händen der Bevölkerung befinden, ängstlich verborgen gehalten werden, während sich wahrscheinlich ein kleinerer Betrag dieser Goldstücke noch in den Kassen der Österreichisch-Ungarischen Bank befindet; im übrigen ist diese Goldkrone nur noch von Bedeutung als fiktive Rechnungseinheit. Neben der Goldkrone befindet sich im Umlaufe die Papierkrone, deren Wert großen Schwankungen unterworfen und schließlich fast auf Null gefallen ist. Die Papierkrone ist also durch den Gang der Ereignisse und ohne jede gesetzliche Maßnahme ins Leben gerufen worden, kennt das Gesetz doch nicht einmal den Begriff der Papierkrone. Gleichwohl ist die Papierkrone schon sehr bald zum einzigen Umlaufsmittel geworden, sei es in der Form von Banknoten oder von staatlichem Papiergeld oder endlich in der Form von Guthabensaldi bei Banken, auf die man Schecks oder Giroüberweisungen abgeben kann.

Es versteht sich jedoch von selbst, daß Güter und Dienstleistungen an sich einen Wert besitzen, des bestehenden Geldwesens ungeachtet; nur ihr Preis wird in dieser Geldeinheit ausgedrückt. Diese Güter und Dienstleistungen will man also nur gegen einen wirklichen Gegenwert abgeben; wo nun der Wert der im Umlauf befindlichen Geldeinheit so stark gesunken ist, muß der Wert der genannten wirtschaftlichen Güter notwendigerweise mit einer größeren Anzahl von Geldeinheiten bezahlt werden. Die Tatsache, daß für Güter und Dienstleistungen eine größere Zahl von Geldeinheiten (in diesem Falle Papierkronen) bezahlt werden muß, braucht jedoch noch nicht zu besagen, daß der Empfänger des Geldes einen höheren Betrag erhält, als der wirkliche Wert dieser Güter und Dienstleistungen beträgt. Ja, es kann sogar der Fall eintreten, daß der größere Geldbetrag nicht einmal einen höheren Wert darstellt als die Zahlung in früheren Zeiten.[1])

Dies ist nun in Österreich in starkem Maße der Fall gewesen, und zwar auch noch aus einem anderen Grunde. Ich wies bereits oben auf die gewöhnliche Erscheinung hin, daß bei einer Entwertung des eigenen Geldes die Steigerung des Preisniveaus im Inlande nicht gleichen Schritt hält mit der Entwertung der Valuta auf dem Auslandsmarkte. In Österreich ist es in dieser Beziehung bereits so weit gekommen, daß, selbst wenn die Warenpreise und Arbeitslöhne im Inlande schon auf das Fünfundzwanzigfache des früheren Standes gestiegen wären, der Empfänger dieses fünfundzwanzigfachen Betrages nicht einmal mehr im Besitz

[1]) Aus diesem Grunde können auch die sogenannten Indexziffern ein solch verkehrtes Bild von der wirtschaftlichen Lage geben, wenn man nicht dabei scharf unterscheidet, wieviel von der sog. Preissteigerung, ausgedrückt in dem nominalen Geldbetrage, auf die Entwertung des eigenen Landesgeldes entfällt.

derselben Kaufkraft ist als vor dem Kriege mit dem einfachen Betrage in Goldkronen. Das Ausland will ja auch gegen den fünfundzwanzigfachen Betrag in Papierkronen keine Waren mehr an Österreich verkaufen; wäre ein Österreicher dagegen imstande, auch jetzt noch in Goldkronen zu bezahlen, so stände ihm der Ankauf von Gütern aus aller Welt auch jetzt noch offen.

Österreich liefert also den besten Beweis dafür, daß Preisheraufsetzungen und Lohnerhöhungen nicht die geringste Hilfe zu bringen vermögen, solange man nicht Maßnahmen treffen kann, um der weiteren Entwertung des eigenen Geldes entgegenzutreten. Diese Entwertung ist entstanden durch die Schaffung von immer größeren Mengen künstlicher Kaufkraft; scheinbar vermochte man in Österreich hierdurch immer höhere Preise und immer höhere Löhne zu bezahlen; dies war jedoch bloßer Schein, und jetzt kann jeder am eigenen Leibe verspüren, wie sehr dieser Schein getrogen: diese Preis- und Lohnerhöhungen vermochten nicht einmal gleichen Schritt zu halten mit der Entwertung des Geldes, sie gaben im Gegenteil immer wieder von neuem den Anstoß zu weiterer Entwertung; die höheren Ausgaben machten die Schaffung von immer größeren Mengen künstlicher Kaufkraft erforderlich. Dieser Wettlauf nach dem Abgrunde zwischen Preis- und Lohnerhöhung einerseits und Geldentwertung anderseits wurde von Tag zu Tag verderblicher für den Staat in seiner Gesamtheit und für seine einzelnen Bürger, bis endlich die Geldentwertung nahezu den Nullpunkt erreicht hat, und eine Erhöhung der Preise und Arbeitslöhne überhaupt keine Verbesserung mehr brachte. Diese Preissteigerung hat im Gegenteil große Bevölkerungsgruppen, die der Lohnerhöhung nicht teilhaftig werden konnten, wie z. B. Beamte, Lehrer, den Mittelstand sowie Personen, die von Renteneinkünften und Pensionen leben müssen, in Armut und Elend gestürzt und das Land an den Rand des Verderbens gebracht. Viele Österreicher sterben Hungers, gehen zugrunde durch Krankheit und Erschöpfung, da sie keine Goldkronen mehr besitzen; viele fristen das Leben durch Gaben der Wohltätigkeit. Wenn Österreich wieder instand gesetzt würde, Goldkronen zu erwerben, dann wäre es aus diesem Elend errettet.

In diesem Zustande der Verelendung und in dieser weitgehenden Entwertung der Krone findet man jedoch zugleich auch das Mittel zur Genesung, wenn man nur den Mut hat, die Sachlage ruhigen Auges zu überblicken und die Tatsachen zu sehen wie sie in Wirklichkeit sind. Zunächst muß man sich klar darüber werden, daß der größte Teil von diesen Kronen emittiert wurde, als die Krone bereits entwertet war, in einem Zeitpunkt also, als faktisch bereits feststand, daß keine Goldkronen mehr ausgegeben werden konnten; die während des Krieges und vor allem die nach seiner Beendigung in Umlauf gesetzten Kronen waren demnach von Anfang an Papierkronen; der erste Empfänger dieser Kronen hat also als Gegenwert dafür schon gleichwertige Dinge, wie z. B. neue Staatsschuldverschreibungen oder Güter und Dienstleistungen von höherem Werte, mithin gegen einen erhöhten Kronenpreis, hingegeben; in beiden Fällen war sich der Empfänger der Kronennoten vollkommen der Tatsache bewußt, daß er lediglich eine minderwertige Papierkrone in Zahlung erhielt. Auch bei eventuellem Verkauf dieser Kronen nach dem Auslande zeigte es sich deutlich, daß der ausländische Käufer lediglich entwertete Papierkronen erwarb.

Die Besitzer all dieser Kronen haben also in der Tat nicht das mindeste Recht, gegebenenfalls Umwechslung ihres Kronenbesitzes in Goldkronen zu fordern; geschähe dies, so würde diesen Kronenbesitzern ein gänzlich unverdienter Gewinn zufließen, zum Schaden des österreichischen Staates. Diese Last würde für Österreich sogar so groß werden, daß es aus seiner schwierigen gegenwärtigen Lage nimmermehr einen Ausweg zu finden vermöchte.

Man wird jedoch wohl zwischen den einzelnen Arten von Kronenforderungen einen Unterschied machen müssen. Die alten Staatsschulden aus der Zeit vor dem Kriege wurden in der Tat seinerzeit in Goldkronenwert (oder vor Einführung der Goldkrone einem anderen nominalen Goldwert) kontrahiert, und die damaligen Besitzer haben daher den vollen Goldwert dafür bezahlt. Im Friedensvertrage findet sich denn auch eine Bestimmung, daß Österreich den Besitzern solcher Stücke, soweit sie Angehörige eines der Ententestaaten sind, Zins- und Amortisationszahlungen auch weiterhin in Goldkronen leisten muß; diese Bestimmung ist an sich durchaus nicht ungerecht. Dasselbe läßt sich sagen von Forderungen in Form von Bankguthaben, Depositen, Warenlieferungen auf Kredit und sonstigen Krediten, die aus der Zeit stammen, als die Krone noch den vollen Goldwert darstellte. So wurde u. a. auch seinerzeit zwischen holländischen Besitzern von Marksaldi, die aus der Zeit vor dem Kriege stammten, einerseits und der deutschen Regierung anderseits eine Abmachung getroffen, derzufolge diese Saldi in neue deutsche, in holländischer Währung ausgestellte Schuldverschreibungen umgesetzt wurden; auch diese Regelung entsprach vollkommen den Grundsätzen der Gerechtigkeit und Billigkeit. Von dieser Regelung waren jedoch ausgeschlossen die Besitzer von neuerworbenen Markforderungen, da diese jene Saldi aus freiem Willen zu einem Zeitpunkt gekauft hatten, an dem ihnen bekannt war, daß die Mark nicht mehr den vollen Goldwert besaß. So wird man aus Gründen der Billigkeit von Österreich fordern können, daß es auf die Dauer seinen Verbindlichkeiten wieder auf Goldbasis nachkommt, und zwar denjenigen Gläubigern gegenüber, welche dieselben Forderungen noch stets besitzen seit der Zeit, zu der die Krone noch ihren Goldwert darstellte. Es wird mitunter schwer sein, die richtige Grenze zu ziehen; jedoch bei jeder Regelung ergeben sich Grenzfälle, die an sich Gefahr laufen, unbillig behandelt zu werden; für derartige Fälle müßte eine schiedsrichterliche Entscheidung vorgesehen werden.

Die übrigen Kronengläubiger jedoch, die ihre Forderungen erst während des Entwertungsprozesses erwarben, wird man jedoch nicht in vollem Goldwert auszahlen dürfen —

dies muß ausdrücklich festgestellt werden —, denn diese sind und waren von jeher Besitzer von Papierkronen. Mit Rücksicht auf die Wiederherstellung des Geld- und Bankwesens in Österreich muß man sich mit der Tatsache abfinden, daß der gegenwärtige Geldumlauf fast ausschließlich aus Papierkronen besteht. Dies vereinfacht die Lösung des Problems um ein Erhebliches.

Zusammenfassend gelangt man also zu der folgenden Analyse der gegenwärtigen Lage und des Weges, auf welchem man die Lösung des Problems wird suchen müssen:

Österreich besitzt den bestehenden Münzgesetzen zufolge eine Goldkrone: im Umlauf kommt diese Krone heute praktisch nicht mehr vor; ein verhältnismäßig geringfügiger Betrag dieser Goldkronen befindet sich noch in den Kassen der Österreichisch-Ungarischen Bank in der Form von Goldstücken und von Silberstücken, zur Not kann man auch noch die Scheidemünzen mit hinzurechnen; vermutlich befindet sich noch ein kleinerer Betrag in Händen von Privatpersonen, die diese Stücke sorgfältig verborgen halten.

Man behält diese Goldkrone auch für die Folge als Rechnungseinheit bei, ebenso wie in früheren Zeiten der Bankgulden und die Bankomark viele Jahre hindurch die Rolle einer fiktiven Rechnungseinheit gespielt haben. Auf diese Weise behält man also auch für die Zukunft eine feste Geld- und Rechnungseinheit.

Daneben befindet sich in Zirkulation die Papierkrone, deren Umlauf sich in diesem Augenblick mit Inbegriff der Kriegsdarlehenskassenscheine und des von Staats wegen ausgegebenen Papiergeldes auf mehr als 60 Milliarden Kronen beziffert; in dieser Zahl sind enthalten die Guthabensaldi bei der Österreichisch-Ungarischen Bank, jedoch nicht darin einbezogen sind die Guthabensaldi bei den Privatbanken, auf die natürlich ebenfalls Schecks und Giroüberweisungen abgegeben werden können.

Als erste unumgänglich notwendige Maßnahme auf dem Wege zu irgendeiner Regelung muß der Beschluß gefaßt werden, keine weitere künstliche Kaufkraft mehr zu schaffen, und demnach auch keine weiteren Umlaufsmittel mehr auf Grund fiktiver Aktiva zu emittieren; vermag man nicht zu einem derartigen Beschluß zu gelangen, so ist jeder Wiederherstellungsversuch von vornherein nutzlos. Zu allererst muß also dieser Beschluß gefaßt werden. Für meine weiteren Ausführungen nehme ich also an, daß dies in der Tat geschieht.

Ist dieser Beschluß genommen, so lasse man diese 60 Milliarden Kronen vorläufig ruhig im Umlauf; sie werden in der Praxis einzig und allein den Zwecken des inländischen Zahlungsverkehres dienen und demnach als Zahlungsmittel für den Verkehr mit dem Auslande keine nennenswerte Rolle mehr spielen können. Diese Papierkronen zirkulieren auch weiterhin zu ihrem gesunkenen Werte, und alle Zahlungen, die jetzt in diesen Kronen bewirkt werden, finden vorläufig auch weiterhin darin statt; hierunter fallen beispielsweise die Zahlungen für Arbeitslöhne, Mieten und die zahlreichen anderen täglichen Zahlungen im Wirtschaftsleben; wo man früher einige oder zehn Kronen bezahlte, wird man jetzt hundert Papierkronen entrichten müssen. In Österreich tritt dann dasselbe ein, wie beispielsweise in Portugal, wo man sogar kleine Beträge in tausenden Reïs (Milreis) ausdrückt; die Zahl Tausend ist in diesem Lande an die Stelle einer früheren Einheit getreten.

Man kann jedoch als feststehende Tatsache annehmen, daß diese 60 Milliarden Papierkronen nicht sämtlich für die Bedürfnisse des täglichen Geldverkehrs benötigt werden; viele dieser Noten sind sicherlich auch thesauriert oder befinden sich im Besitze des Auslandes. Angesichts dieser Tatsache läßt sich bereits ein erster Schritt unternehmen, um diese Zirkulation von sechzig Milliarden einzuschränken. Diese Noten stellen eigentlich eine Staatsschuld, und zwar eine unverzinsliche Staatsschuld dar; man schaffe nun die Möglichkeit, diese Kronen in eine langfristige Staatsanleihe umzutauschen, die beispielsweise in sechzig oder hundert Jahren zu tilgen wäre, und statte diese Staatsschuld zum

Beispiel mit einem Zinsfuße von $2\frac{1}{2}$% aus; Zins- und Amortisationszahlungen werden geleistet in denselben Papierkronen oder in dem Gelde, mit dem die Papierkronen in der Zukunft eventuell eingelöst werden sollten. Die Besitzer von Papierkronen, die jetzt einen unverzinslichen Notenbesitz haben, den sie nicht einmal als Zahlungsmittel verwenden wollen, erlangen auf diese Weise sogleich einen Vorteil, während der Wert ihres Besitzes anderseits nicht geringer wird, da sich ja diese Staatsschuld auch in der Zukunft genau dem Werte der Papierkronen anschließen wird.

Es besteht also gute Aussicht, daß diese gewaltige Menge der ausgegebenen Papierkronen schon auf diesem Wege eine bedeutende Verminderung wird erfahren können. Trotzdem wird nominell ein Betrag in Zirkulation bleiben, der viel größer sein wird als der Geldumlauf vor dem Kriege; reduziert man jedoch diesen Betrag unter Berücksichtigung der Entwertung des österreichischen Geldes auf den nominalen Wert der Goldkrone, so wird sich herausstellen, daß der Geldumlauf faktisch nicht so sehr viel größer zu sein braucht als vor dem Kriege. Nehmen wir an, daß eine Entwertung der Krone, wenn sich die Verhältnisse auf die Dauer etwas mehr konsolidiert haben, auf $\frac{1}{3}$ oder $\frac{1}{4}$ des früheren Wertes angenommen werden kann, so kann der Geldumlauf unbedenklich das Drei- bis Vierfache des früheren Umfanges betragen, auch wenn man nicht die Steigerung der Güterpreise infolge von Ursachen auf der Seite der Güter selbst (Knappheit) berücksichtigt, die an sich bereits eine größere Menge von Umlaufsmitteln bedingt; zieht man diese zuletzt angeführte Tatsache in Betracht, so könnte man wohl nicht mit Unrecht behaupten, daß eine Zirkulation von dem Fünf- bis Sechsfachen des früheren Umfanges vorläufig nicht einmal als abnormal anzusehen wäre.

Man spanne jedoch gleichzeitig alle Kräfte an, um daneben wiederum eine Goldkrone in den Verkehr zu bringen. Dies wird nur geschehen können, indem man Österreich einen neuen, zeitlich begrenzten Kredit zur Verfügung stellt;

hierzu wird man jedoch der Mitwirkung des Auslandes bedürfen. Es will mir scheinen, als ob der folgende Weg hier der geeignetste wäre:

Man gründe eine neue Zentralnotenbank, welche ihre eigenen Geschäfte ausschließlich auf die Goldkrone basiert. Sie bietet also Gelegenheit, bei ihr laufende Rechnungen in Goldkronen zu eröffnen. Wenn nun ein Ausländer einem Österreicher einen Kredit gewähren will, so berechnet er diesen Kredit in den Goldkronen der neuen Zentralnotenbank; gibt er einen Kredit in der Form von Waren- oder Rohstofflieferungen, die erst nach einiger Zeit bezahlt zu werden brauchen, so schreibt er die Rechnungen für diese Güter in Goldkronen aus. Der Österreicher verpflichtet sich also nach Ablauf einer bestimmten Frist, sagen wir beispielsweise nach drei, sechs oder zwölf Monaten, den Betrag des Kredites in Goldkronen zur Verfügung seines Geldgebers zu stellen; er kann für diesen Betrag sogar einen Wechsel akzeptieren, der im Handelsverkehr zum Diskont zugelassen werden kann. Naturgemäß kann der Österreicher einen solchen Kredit nur dann erhalten, wenn er mit genügender Sicherheit zu beweisen vermag, daß er imstande sein wird, den Kredit am Verfalltage zurückzuzahlen. Der Österreicher kann dies unter anderem dadurch erreichen, daß er die ihm auf Kredit gelieferten Rohstoffe zu einem Fertigfabrikat verarbeitet, welches er wiederum an das Ausland zurückliefern kann. Geschieht dies, dann kann er während dieser Zeit seine Arbeiter bezahlen, und bei Ablieferung des fertigen Produktes an das Ausland erhält er einen Gegenwert, der ihn in den Stand setzt, alle seine Kosten zu decken, seine Schuld für die auf Kredit gelieferten Rohstoffe zurückzuzahlen und ihm schließlich noch einen Unternehmergewinn übrig läßt, aus dem er neues Kapital aufbauen kann. Seine Tätigkeit schließt also mit einem Guthabensaldo ab, den er zum Ankauf neuer Rohstoffe usw. benutzen kann.

Wenn viele Österreicher, jeder in seinem Betriebe, auf diese Weise handeln, so werden sie, falls sie anfangs durch

Kreditgewährung von seiten des Auslandes unterstützt werden, alle zusammengenommen, jährlich ein bedeutendes Kapital erübrigen können, dessen Wert in Goldkronen ausgedrückt werden kann. Sie alle, und alle Mitarbeiter, die unter ihrer Leitung mit Kopf und Hand mitarbeiten, können also in gemeinschaftlichem Wirken neue Ersparnisse erzielen und neues Kapital bilden, in starkem und erfreulichem Gegensatz zu der Handlungsweise während des Krieges und des Waffenstillstandes, als in großem Umfange Geld verschwendet und Kapital vernichtet wurde.

Dieser finanzielle Wiederaufbau kann auf einem anderen Wege noch tatkräftig unterstützt werden. Das Ausland könnte die neue Zentralnotenbank schon von Anfang an mit reichlichen Mitteln versehen, indem es teilnimmt an der Zeichnung auf das Grundkapital und ferner noch weitere Mittel im Auslande zur Verfügung stellt, in England in Pfund Sterling, in Amerika in Dollars, in Holland in Gulden; die neue Zentralbank könnte dann selbst die Kredite in Goldkronen geben, deren die österreichischen Produzenten bedürfen, um die Arbeit wieder aufnehmen zu können. Die Bank könnte also beispielsweise auf die in England zur Verfügung gestellten Mittel Pfund-Sterling-Wechsel abgeben zur Bezahlung von durch England zu liefernden Rohstoffen.

Auf diese Weise könnte die neue Zentralnotenbank bereits von Anfang an ein „Gold-Exchange-System" einführen; sie könnte sogar soweit gehen, eigene Banknoten, lautend auf Goldkronen, in Österreich in Umlauf zu bringen, als Deckung für welche Noten die vom Auslande zur Verfügung der Bank gestellten Mittel dienen. Dies wird die Bank jedoch nur dann tun können, wenn sie mit äußerster Strenge darauf sieht, daß sie ihre Goldnoten in Österreich nur zu produktiven Zwecken abgibt, so daß sie die Gewißheit hat, daß diesen emittierten Banknoten gegenüber Waren und Güter stehen, die einen wirklichen Marktwert haben. Die Bank muß also mit aller Strenge verhindern, daß die durch sie in Umlauf gebrachten Noten zur Finanzierung von Staats- und Kommunalanleihen verwendet werden, um diese Gelder wiederum zur Vergrößerung der künstlichen Kaufkraft zu gebrauchen. Geschähe dies, so würde auch die neue Bank binnen absehbarer Zeit in denselben Abgrund hineingezogen werden wie die alte Österreichisch-Ungarische Bank, und könnte ihrer Bestimmung nicht mehr genügen.

Anderseits wird die Bank auch Maßnahmen treffen müssen um zu verhüten, daß ihre Auslandsguthaben von der eventuellen Entwertung der betreffenden Auslandsvaluta berührt werden; sie wird sich also beispielsweise mit den ausländischen Zentralnotenbanken in dem Sinne verständigen müssen, daß diese ihr eventuell das von ihnen zu verschaffende Kapital in der Form von Golddepots zur Verfügung stellen.

Die Leitung der neuen Bank muß in den Händen vollkommen unabhängiger Personen liegen; es wäre sogar zu erwägen, diese Bank unter internationaler Mitwirkung zu gründen und sie unter internationale Leitung zu stellen, auf ähnliche Weise wie seinerzeit in Marokko die Bank von Algeciras errichtet wurde.

Die notwendige Verbindung zwischen dieser neuen Bank und der alten Österreichisch-Ungarischen Bank könnte auf zwei Arten hergestellt werden: erstens dadurch, daß die neue Bank durch eines oder mehrere ihrer Direktionsmitglieder in der Liquidationskommission der Österreichisch-Ungarischen Bank vertreten wird; zweitens dadurch, daß sie auf Ansuchen laufende Rechnungen eröffnet in den Papierkronen der alten Österreichisch-Ungarischen Bank.

Letzteres könnte auf die gleiche Weise geschehen wie europäische Banken für ihre Kunden Rechnungen in fremder Valuta eröffnen, und wie die Banken in Ostasien auch Rechnungen eröffnen in Silbersycees oder in besonderen Silberdollars; der Wert dieser Rechnungen läuft also ganz auf das Risiko des Buchgläubigers. Die Bank darf denn auch selbst nicht Eigentümerin dieser Papierkronen werden, außer auf dem Wege des Ankaufs, wobei sie sich jedoch noch am gleichen Tage durch einen Verkauf deckt; sie muß also die Papierkronen bis zu einem gewissen Grade verwenden, wie dies eine Privatbank mit fremden Valuten in ihrem Betriebe tut. Wenn sie auf diese Weise zu Werke geht, so wird die neue Zentralnotenbank der Allgemeinheit sehr wichtige Dienste leisten können, da dann Verrechnungen, Giroüberweisungen und Clearingverkehr in Papierkronen im Inlande stattfinden können, ohne daß der Bank hierdurch irgendein eigenes Risiko erwächst.

Die Österreichisch-Ungarische Bank wird unterdessen die allmähliche Liquidation ihrer eigenen Geschäfte durchführen müssen, welche Abwicklung mit unter der Aufsicht der neuen Bank geschehen soll. Die Papierkronen können naturgemäß auch zur Rückzahlung von der alten Bank gegenüber bestehenden Verbindlichkeiten benützt werden; der Umlauf an Papierkronen wird also auch aus diesem Grunde allgemach geringer werden können. Ist das österreichische Volk erst einmal wieder an der Arbeit, so wird es auf die Dauer auch imstande sein, durch die Zahlung von Steuern einen Teil der Staatsschulden zu tilgen. Diese Steuerzahlung kann ebenfalls zu einem großen Teile in Papierkronen stattfinden; der Staat kann dann diese Papierkronen zur Rückzahlung seiner Schuldverschreibungen bei der alten Österreichisch-Ungarischen Bank benutzen. So wird sich im Laufe der Zeit der Betrag der noch im Umlaufe befindlichen Papierkronen von selbst verringern, bis schließlich der Zeitpunkt erreicht sein wird, an dem die Zirkulation von Papierkronen schätzungsweise den Bedürfnissen des Verkehrs annähernd entspricht, wobei man natürlich die dann noch bestehende Entwertung der Papierkrone berücksichtigen muß. Dann wird auch die Zeit gekommen sein, um allen Ernstes zur definitiven Liquidation zu schreiten. Die österreichische Regierung wird zur Emission einer neuen Goldanleihe imstande sein — deren Zinsen und Amortisationszahlungen in den Goldkronen der neuen Bank zahlbar sind —, wenn nach einigen Jahren der Kredit des Staates genügend wiederhergestellt sein wird, dadurch, daß seine Untertanen wieder an die Arbeit gegangen sind und der Staat selbst seine verschwenderischen Ausgaben eingestellt haben wird, wodurch sein Budget wieder ins Gleichgewicht gebracht werden wird. Mit den Goldnoten, die der Staat durch die Emission dieser Goldanleihe erhält, kann er sodann seine Schuldverschreibungen bei der Österreichisch-Ungarischen Bank gänzlich zurückzahlen, und zwar unter Zugrundelegung eines Wertverhältnisses zwischen Gold- und Papierkrone, wie es sich aus dem an diesem Zeitpunkte geltenden Kurse der Papierkrone ergibt. Es ist durchaus nicht unmöglich, daß der Wert der zu dieser Zeit noch im Umlauf befindlichen Papierkronen um ein Erhebliches höher sein wird als ihr gegenwärtiger Wert auf dem internationalen Markte. Alle dann noch umlaufenden Papierkronen der alten Österreichisch-Ungarischen Bank können sodann aufgerufen werden zwecks Einlösung in Goldnoten unter Zugrundelegung derselben Wertrelation.

Bis zu diesem Zeitpunkte müssen die Papierkronen der Österreichisch-Ungarischen Bank und die Goldkronen der neuen Zentralnotenbank als selbständiges Geld nebeneinander im Umlauf sein, ganz wie wenn es sich um einander fremde Valuten handelte. Während dieser ganzen Zeit darf kein direkter Zusammenhang zwischen beiden Geldarten bestehen; hierdurch soll in erster Linie verhütet werden, daß die Goldkrone von ihrer festen Grundlage hinabgerissen wird in den Abgrund, in welchem sich die Papierkrone befindet.

Prof. Dr. Landesberger hat in der „Neuen Freien Presse“ vom 19., 21. und 22. Oktober 1919 einen systematischen Plan zur Lösung der schwebenden Bank- und Valutaprobleme in Österreich entwickelt, worin man viele Ideen antrifft, die mit den hier besprochenen Gedanken übereinstimmen. Mit großem Interesse habe ich diese Auseinandersetzung gelesen, um so mehr, da ich sah, daß wir hinsichtlich verschiedener Hauptpunkte zu einer ähnlichen Beweisführung und zu ähnlichen Resultaten gelangt sind. Ich glaube jedoch aus den Ausführungen Prof. Landesbergers entnehmen zu dürfen, daß er die Umwechslung der Noten der alten Österreichisch-Ungarischen Bank in die der neuen Bank zu einem früheren Zeitpunkte, als ich in meinen Darlegungen vorgeschlagen habe, vornehmen möchte; ich möchte hiervor auf das nachdrücklichste warnen.

Als ich in den Jahren 1911—1912 auf Ersuchen des Vier-Mächte-Syndikats, bestehend aus den Vereinigten Staaten von Nordamerika, England, Frankreich und Deutschland, als Sachverständiger für Fragen des Geldwesens bei der chinesischen Regierung tätig war, wies ich in meinem Buche „On Chinese Currency“ (zwei Bände, herausgegeben von J. H. de Bussy, Amsterdam) darauf hin, daß das Inlandsgeld in China nicht für Verrechnungen mit dem Auslande in Betracht kam; in dieser Beziehung weist also die damalige Lage in China eine gewisse Übereinstimmung auf mit den heutigen Verhältnissen in Österreich. Ich habe schon damals für China ein ähnliches System für die Errichtung einer neuen Zentralnotenbank ausgearbeitet, die ebenfalls teilweise unter ausländischer Leitung stehen und gleichfalls eine Goldrechnungseinheit für den Verkehr mit dem Auslande schaffen sollte, welche Goldrechnungseinheit auf die Dauer auch in China selbst in Umlauf kommen könnte. Auch damals warnte ich bereits vor Übereilung bei der Umwandlung des bestehenden Geldumlaufes in die neue Goldrechnungseinheit, solange die Verhältnisse dazu nicht reif seien.

Zugleich wies ich damals auf die Tatsache hin, daß die asiatischen Länder mehr als ein Beispiel dafür liefern, daß Umlaufsmittel, die auf verschiedenartige Gold- und Banksysteme basiert sind, nebeneinander im Umlauf sein können. Auch in den Niederländisch-Indischen Kolonien finden wir hierfür lehrreiche Beispiele, und in meiner Eigenschaft als Präsident der Javaschen Bank lag mir seinerzeit selbst ob, die Regelung des Überganges zu Banknoten und Geldstücken basiert auf der reinen Goldwährung, als die Verhältnisse in jenen Ländern dazu reif geworden waren. Diese Regelung hat schließlich in unseren Kolonien vollkommen befriedigende Resultate gezeitigt, trotz der vielen eigentümlichen Schwierigkeiten, zu der die eigenartigen Charakterzüge und Gewohnheiten der mannigfaltigen asiatischen Völkerschaften Veranlassung gaben.

Ich möchte daher auch bezüglich der österreichischen Verhältnisse zu großer Vorsicht raten hinsichtlich der definitiven Wiedereinführung einer neuen Goldkrone als einziges Umlaufsmittel. Auch für Österreich ist es meines Erachtens durchaus möglich, während eines längeren Zeitraumes zwei verschiedene Geld- und Banksysteme nebeneinander zu benutzen.

Wenn Österreich in der Zukunft zur Einziehung dieser Papierkronen schreiten sollte, so müßte es in diese Regelung ebenfalls die Schuldverschreibungen einbeziehen, die es eventuell gegen früher eingelieferte Kronennoten ausgegeben hat. Der Nennwert dieser Obligationen muß in diesem Falle auf einen Betrag neuer Goldkronen abgestempelt werden, welche Abstempelung in dem gleichen Wertverhältnis stattfinden muß wie die Umwechslung der Papierkronen in Goldnoten; die Zinsen dieser Schuldverschreibungen müssen dann nach dieser Abstempelung ebenfalls in Goldkronen gezahlt werden, und zwar unter Zugrundelegung des gleichen Reduktionsverhältnisses.

Werden die Papierkronen eingezogen, so müssen die Preise der Güter sowie die Arbeitslöhne naturgemäß eine erneute Festsetzung in Goldkronen erfahren. Ich glaube, daß auch diese Maßnahme nicht allzu schwer durchführbar sein wird; allmählich wird sich doch ein jeder mit dem Gedanken vertraut machen, daß man zwei Währungen im Inlande hat, und man wird dann ganz genau wissen, daß man für eine Goldkrone in der Tat eine einige Male größere Warenmenge erhält als für eine Papierkrone; die Warenpreise in neuen Goldkronen werden demzufolge auch nicht mehr solch hohe Notierungen zeigen, so daß auch dieses Schreckgespenst der hohen Preise allmählich zum Verschwinden gebracht wird. Natürlich werden auch hier wiederum einige Schwierigkeiten entstehen bei eventuellen Grenzfällen, so z. B. bei Gehältern und bei Preisen, die, in Papierkronen ausgedrückt, verhältnismäßig nicht so stark gestiegen sind; als Beispiele könnte man hier anführen die Gehälter der Lehrer und die Eisenbahntarife; diese müßten demnach in der Goldkronenwährung auf die normale Höhe gebracht werden, wodurch man zugleich den Mißstand beseitigt, daß sie im Verhältnis zu der Entwertung der Papierkrone zu niedrig geworden waren. Auch mit der Verrechnung von Schulden kann man zeitweilig auf Schwierigkeiten stoßen, jedoch auch diese sind nicht unüberwindbar; ein Sinken des Wertes der Krone bedeutete für den Gläubiger einen Nachteil, eine Wiederherstellung ihres Wertes oder eine Steigerung dieses Wertes wird für ihn einen Vorteil darstellen. Dieser Fall hat sich jedoch in Ländern mit reiner Silberwährung schon so häufig ereignet, daß man genügende Erfahrungen gesammelt hat, um zu wissen, wie man dann zu handeln hat. Nötigenfalls kann durch eine gesetzliche Vorschrift eine nähere Schätzung des Wertes der Schuld angeordnet werden.

Ich habe die Lage Österreichs so ausführlich besprochen, weil die Entwicklung der österreichischen Verhältnisse so außerordentlich lehrreich ist für die Beurteilung der Lage aller anderen Länder, und ferner aus dem Grunde, weil Österreich jetzt am dringendsten eines Eingreifens in die höchst bedenklichen Verhältnisse bedarf.

Jedoch auch in anderen Ländern wird man Maßnahmen ergreifen müssen, die den für Österreich erforderlichen mehr oder weniger gleichen. Auch in Deutschland ist ein übermäßig großer Betrag Marknoten emittiert worden, und zwar entfällt der größte Teil dieser Emission auf die Zeit, als die Mark bereits entwertet war; die Besitzer von Marknoten und -forderungen, die während des Entwertungsprozesses in ihre Hände gelangten, haben demnach ebensowenig ein Recht auf Rückzahlung in Goldmark.

Auch in Deutschland ist es soweit gekommen, daß die Mark nicht mehr als Zahlungsmittel im Verkehr mit dem Auslande dienen kann, so daß auch in diesem Lande weitere Maßregeln erforderlich werden, wozu in erster Linie gehören: Regelung des Tauschverkehrs mit dem Auslande, Schaffung einer neuen Goldmark als Rechnungseinheit, Kreditgewährung vonseiten des Auslandes, basiert auf diese neue Goldmark, und endlich, soweit dies möglich ist, Einziehung von Marknoten gegen Abgabe von langfristigen Staatsanleihen. Letzteres ist bereits in einem Falle geschehen. Deutschland hatte nämlich während des Krieges den besetzten Gebieten seine eigene Markvaluta aufgezwungen und hatte den Gegenwert dafür in verschiedenen Formen, in Gütern und Dienstleistungen, erhalten, basiert auf dem Werte des Frank; es verstand sich also von selbst, daß Deutschland diese Marknoten zum wenigsten auf der Basis Frs. 1.25 = 1 Mark zurücknehmen mußte. Deutschland hat nun im Umtausch gegen die noch immer im Besitze Belgiens befindlichen Markscheine eine fünfprozentige Anleihe mit zwanzigjähriger Laufzeit ausgegeben; der Wert dieser Markobligationen wird jedoch durch Deutschland zur Frankparität garantiert.

In Deutschland hat man also einen Anfang gemacht mit der Einziehung der nicht in wirklicher Zirkulation befindlichen Noten. Will Deutschland diesen Weg jedoch auch weiterhin mit Erfolg beschreiten, so muß jede weitere Schaffung künstlicher Kaufkraft und demnach auch jede weitere Emission von Marknoten, die nicht auf wirklich vorhandenen Werten beruht, eingestellt werden. Sieht Deutschland diese Notwendigkeit nicht beizeiten ein, so werden seine Bürger dem Hunger, der Erschöpfung und der gänzlichen Verelendung anheimfallen, die Österreich jetzt zugrunde zu richten drohen.

Bei den anderen Ländern ist das Bild nicht so klar und scharf gezeichnet wie bei Österreich und Deutschland; in einigen dieser Länder ist der Wert der eigenen Valuta ebenfalls sehr stark gesunken, und auch dort wird also die Frage entstehen, ob man nicht seine Zuflucht wird nehmen müssen zu einer offenen Anerkennung der gegenwärtigen Lage, daß nämlich die auf Gold basierte Rechnungseinheit verschwunden ist und eine Papier-Rechnungseinheit entstanden ist, die von der früheren Goldeinheit abweicht. Man wird diesen Weg in verschiedenen Ländern wohl einschlagen müssen, um das Problem der allzu sehr gestiegenen Preise und Löhne lösen zu können; wenn die Entwertung des Geldes nicht einen solchen Umfang angenommen hätte, so wäre kein Grund zu einer derartigen Steigerung der Preise und Erhöhung der Löhne, wie jene Länder sie erlebt haben, vorhanden gewesen. Für diese Länder wird es auf die Dauer ein Ding der Unmöglichkeit sein, als Wettbewerber auf dem Weltmarkte aufzutreten; ihre Industrie und anderen Produktionszweige werden dann stillgelegt werden müssen, und die Folge wird sein eine zunehmende Arbeitslosigkeit, die natürlich auf die Dauer die Löhne herunterdrücken wird. Ein solches Land müßte dann eine Reihe bitterer Notwendigkeiten über sich ergehen lassen, die vielen seiner Einwohner Not und Elend bringen werden; es wird also besser und klüger sein, diesen Ursachen und Folgen ruhig ins Auge zu sehen, um beizeiten die Maßnahmen zu treffen, deren Ergreifung der gesunde Menschenverstand gebietet, um ohne große Erschütterungen die neue Lage ins Leben zu rufen, die sonst doch entstehen muß, auch gegen den Willen der beteiligten Gruppen.

Wieder andere Länder haben zwar auch erfahren müssen, daß ihre Valuta durch die wirtschaftlichen Verhältnisse der Gegenwart bis zu einem gewissen Grade erschüttert ist, dieses Übel ist jedoch bei ihnen noch nicht so weit vorgeschritten, daß eine starke Entwertung entstanden ist durch Ursachen auf der Seite des Geldes. Verschiedene unter den vormaligen neutralen Ländern können auch zu dieser Gruppe gerechnet werden.

In jedem Lande muß man individuell untersuchen, ob die Preissteigerung Ursachen auf der Seite der Güter (Knappheit, Erschwerung der Produktion, hohe Transportkosten) oder Ursachen auf der Seite des Geldes oder endlich beiden Ursachen gemeinsam zuzuschreiben ist; in dem letztgenannten Falle wird ferner untersucht werden müssen, welche von diesen beiden Ursachen den größten Einfluß ausgeübt hat. In Deutschland, Österreich und Rußland hat zweifelsohne die übermäßige Schaffung künstlicher Kaufkraft den größten Anteil an der Steigerung des Preisniveaus, während in den neutralen Ländern im allgemeinen die Knappheit der Güter am meisten zu der Preissteigerung beigetragen hat. Der Stand ihrer Valuta gibt den Neutralen demnach keine Veranlassung zu solch einschneidenden Maßnahmen, wie sie oben aufgezählt wurden; wenn auch sie wieder mit voller Kraft an die Arbeit gehen und ihren Export nach Ländern, denen gegenüber ihre Zahlungsbilanz zeitweilig ungünstig ist, vergrößern können, so wird ihre Valuta wieder steigen. Jedoch auch hier muß der ausdrückliche Vorbehalt gemacht werden, daß die Regierungen dieser Länder und ihre Kommunalverwaltungen aufhören mit der Schaffung künstlicher Kaufkraft, und daß binnen nicht allzu langer Zeit die Preisbestimmung für Güter und Arbeitslöhne vorsichtig in normale Bahnen geleitet wird. Bei der Beurteilung des Umfanges ihres Geldumlaufes muß man vor allem auch die beiden Tatsachen in Betracht ziehen, daß die Güterpreise durch Ursachen auf seiten der Güter (Knappheit, höhere Transportkosten usw.) gestiegen sind, und daß ferner ein Teil der Umlaufsmittel durch Thesaurierung und Steuerflucht der wirklichen Zirkulation entzogen sind. Kommen verschiedene dieser Ursachen in Wegfall, so wird auch bereits aus diesem Grunde eine Verminderung der Umlaufsmittel eintreten. Eine kraftvolle, zielbewußte Steuerpolitik, die in erster Linie den Zweck verfolgt, die großen Ausgaben während des Krieges zu kompensieren, kann ebenfalls viel zur Verringerung der Geldzirkulation beitragen, vorausgesetzt, daß diese Steuerpolitik auf verständige Weise durchgeführt wird.

Auf einen speziellen Punkt glaube ich die Aufmerksamkeit noch lenken zu müssen. Er betrifft wiederum Deutschland.

In diesem Lande werden während der letzten Monate des öfteren von seiten großer Unternehmungen bedeutende Kapitalserhöhungen vorgenommen durch Markemissionen auf dem offenen Markte. Diese Unternehmungen erhalten dann dieses neue Kapital in entwerteten Marknoten; dies führt notwendigerweise zu einer bedenklichen Verwässerung des Kapitales, eine Erscheinung, die auch für die alten Aktionäre und Anteilseigner, die seinerzeit das Grundkapital in Goldwert gezeichnet haben, sehr nachteilig ist, wenn nicht die neuen Aktien oder Geschäftsanteile mit einem sehr bedeutenden Agio ausgegeben werden, was jedoch nicht der Fall ist. Es handelt sich hier also nicht nur um eine Benachteiligung gewisser Personengruppen, der alten Aktionäre, sondern um einen weit größeren wirtschaftlichen Nachteil; das Ziel der Neuemission, die finanzielle Kraft der Unternehmung durch eine Kapitalserhöhung zu vergrößern, wird gänzlich verfehlt. Eine derartige Handlungsweise muß mit Rücksicht auf den wirtschaftlichen Wiederaufbau des Landes nach den im Kriege erlittenen Schäden — und um diesen Wiederaufbau des Landes handelt es sich doch hier in erster Linie —, gelinde ausgedrückt, als unvernünftig bezeichnet werden. Eine derartige Neuemission müßte entweder in Goldmark stattfinden, wobei Aktien ausgegeben werden müßten, deren Dividende ebenfalls in Goldmark zu zahlen ist, oder aber man müßte ausdrücklich feststellen, daß die Emission in Papiermark stattfindet und gleichzeitig mitteilen, daß die Dividenden auf diese Aktien aus diesem Grunde auch nur in Papiermark ausgezahlt werden können oder in der Geldart, die später eventuell an die Stelle der Papiermark treten wird. So wie Emissionen gegenwärtig vorgenommen werden, führen sie lediglich zu einer weiteren Schwächung der wirtschaftlichen Kräfte des Landes.

V. Kapitel.

Internationales Zusammenarbeiten unerläßlich.

Wie wird man nun die Möglichkeit schaffen, diese Wege zum Wiederaufbau einzuschlagen?

Das Einstellen der Schaffung künstlicher Kaufkraft (I) muß von Ländern, die noch stets künstliche Kaufkraft ins Leben rufen, als erstes Prinzip anerkannt werden. Die Durchführung dieses Prinzips wird sich erstrecken auf die Unterlassung aller Handlungen, die zu einer künstlichen Vergrößerung der Kaufkraft führen können, und auf eine Änderung der Wirtschaftspolitik dieser Länder. Es ist sehr wohl möglich, daß sie hierbei auch der Unterstützung von seiten des Auslandes bedürfen, um den Kampf gegen die Teuerung in ihrem Lande mit Aussicht auf Erfolg aufnehmen zu können.

Ein organisierter Warenaustauschverkehr (IV) kann zwischen zwei Ländern eingerichtet werden; die Ausdehnung dieser Organisation auf mehr als zwei Länder kann auch noch durch ein Zusammenarbeiten einiger Länder unter sich erstrebt werden.

Wie nützlich, ja sogar wie notwendig es auch sein möge, Maßnahmen nach diesen zwei Richtungen hin zu treffen, so sind diese Maßnahmen allein noch nicht imstande, dieses furchtbare Weltchaos zu lösen. Weitergehende Maßnahmen sind hierzu unumgänglich notwendig; um dieses große Ziel zu erreichen, wird man die Schulden einer Revision unterziehen (II) und eine allgemeine internationale Kreditorganisation (III) schaffen müssen; beides kann nur zustande gebracht werden durch umfassendes Zusammenarbeiten vieler Länder.

Von einer Revision der Schulden werden ja die Interessen vieler berührt werden, und ein jeder von diesen vielen wird für seine Person ein wirkliches Interesse daran haben, zu wissen, inwieweit er auf den Eingang seiner Forderungen rechnen kann. Eine solche Revision der Schulden ist nicht nur für den Schuldner, sondern auch für den Gläubiger von Bedeutung; denn auch der Gläubiger wird auf die Dauer großen Schaden erleiden, wenn sein Schuldner nicht imstande sein wird, seinen Verpflichtungen nachzukommen und die unerträgliche Schuldenlast ihn überdies an dem wirtschaftlichen Wiederaufbau verhindert, so daß er schließlich für den Gläubiger ausscheidet, sowohl als Abnehmer seiner Waren als auch als Lieferant von Gütern, deren der Gläubiger bedarf.

Vor allem wird jedoch, und hiermit kommen wir zu der anderen internationalen Maßnahme, die allgemeine Kreditorganisation unter den gegenwärtigen Verhältnissen und der jetzigen Weltlage nur durch das Zusammenwirken vieler Länder zustande gebracht werden können.

Dies wird nicht nur deshalb der Fall sein müssen, weil es sich hier um enorme Summen handelt, sondern auch noch aus einem anderen Grunde, den man unter keinen Umständen aus dem Auge verlieren darf. Es wird sich nämlich sicherlich der Fall ereignen — und er ist sogar bereits eingetreten —, daß eine Gruppe in einem kleineren Lande, beispielsweise in einem der früheren neutralen Länder, bereit ist, den Bewohnern anderer Länder, die der Hilfe dringend bedürfen, bedeutende Kredite zu gewähren; das kleine Land darf und kann diese Kredite jedoch nicht gewähren, wenn es Gefahr läuft, später durch ein größeres Land oder durch einen neuen Kreditgeber auf die Seite geschoben zu werden, nachdem es sein gutes Geld bereits dem hilfsbedürftigen Lande geliehen hat. Auch die privaten Kreditgeber aus dem mächtigen Amerika werden mit derselben Schwierigkeit rechnen müssen. Im gewöhnlichen Handelsverkehr werden häufig Kredite gegeben entweder unter der Bedingung, daß eine besondere Sicherheit gestellt wird in der Form eines Unterpfandes oder einer Hypothek, oder aber, wenn eine solche besondere Sicherstellung nicht gefordert wird, unter der Bedingung, daß der Schuldner sich verpflichtet, seine Aktiva nicht unter Gewährung von Vorzugsrechten anderen zu verpfänden.

Wie könnte man jetzt einem Lande bedeutende Kredite einräumen, wenn große Aussicht vorhanden ist, daß später ein mächtigerer Kreditgeber sich besondere Vorzugsrechte oder Unterpfänder ausbedingen wird zum Nachteile derjenigen Geldgeber, die bereit waren, schon sogleich Hilfe zu leisten? Was Deutschland angeht, so wird die Sache hier noch schwieriger, da noch nicht einmal feststeht, auf welchen Betrag die von diesem Lande zu zahlende Kriegsentschädigung festgesetzt werden wird; doppelt schwierig bleibt die Lage vor allem, solange die „Commission des Réparations" die Befugnis besitzt, immer wieder aufs neue exportfertige Waren oder sonstiges Eigentum zu beschlagnahmen, zum Schaden der Kreditgeber aus anderen Ländern, und die „Commission des Réparations" vermag solche Anordnungen zu treffen auf Grund der sehr weitgehenden Vollmachten, die ihr im Friedensvertrage verliehen sind. Wie kann man erwarten, daß ein Kreditgeber aus einem neutralen, ja selbst aus einem der alliierten Länder zur Gewährung von Krediten bereit sein wird, wenn sein Schuldner ständig der Gefahr von Requisitionen ausgesetzt ist, wobei der Geldgeber zusehen muß, wie das für ihn bestellte Unterpfand von anderen beschlagnahmt wird, gleichsam als ob man sich noch mitten im Kriegszustande befände.

Kreditgeber können sich nur dann zur Gewährung von Krediten entschließen, wenn ihnen genügende Sicherheit dafür geboten wird, daß sie mit ihren Forderungen dieselbe Stellung einnehmen wie andere, später auftretende und mächtigere Geldgeber, und wenn sie die Gewißheit haben, daß ihr Schuldner nicht vor ihren Augen zugunsten der Forderungen anderer ausgeplündert wird. Man muß vor allen

Dingen wissen, ob man jetzt im Frieden lebt und arbeiten kann, oder ob der Kriegszustand an jedem Tage wiederhergestellt werden kann, wodurch diejenigen Geldgeber, die sich jetzt bereit erklären wollen, am Wiederaufbau der Welt mitzuarbeiten, geschädigt werden. Wünscht man in der Tat, daß wiederum überall in der Welt Frieden herrsche, so muß man auch die Konsequenzen auf sich nehmen und die nötige Ordnung und Sicherheit für das Wiederaufleben des internationalen Handelsverkehres schaffen. Nur auf diesem Wege können alle durch den Krieg geschädigten Länder Ruhe und Ordnung im Inlande wiederherstellen und ihren Wohlstand wieder aufbauen. Nur auf diesem Wege wird es ihnen möglich sein, ihren Verpflichtungen nachzukommen. Sieht man dies nicht noch beizeiten ein, so wird der wirtschaftliche Untergang Europas unabwendbar sein.

Nur eingehende internationale Besprechungen können die Wege für die Gewährung neuer Kredite und für den Wiederaufbau der Welt ebnen. An d i e s e n Besprechungen wird man nunmehr auch die Neutralen teilnehmen lassen müssen, da diese im Verhältnis zu ihren wirtschaftlichen und finanziellen Kräften ebenfalls imstande, und zweifelsohne auch bereit sein werden, an der Erreichung dieses großen Zieles mitzuarbeiten. Die Neutralen mögen an sich zwar klein und schwach sein im Vergleich zu den großen Ländern, sie haben jedoch durch den Krieg nicht so sehr gelitten wie verschiedene dieser großen Reiche, und vereint können sie sicherlich, auch schon durch die große Verschiedenheit ihrer Produktionsfähigkeit, den durch den Krieg so sehr geschwächten großen Ländern bedeutende Unterstützung gewähren. Die Neutralen ihrerseits werden sich zu solchen Besprechungen mit anderen Ländern und miteinander entschließen müssen, da sie wohl gezwungen sein werden, anderen Ländern Waren auf Kredit zu liefern, wenn sie nicht ihre eigene Exportindustrie zum Stillstand verurteilen wollen, woraus großes Elend für die Bürger des betreffenden Landes entstehen wird.

In erster Linie muß jetzt Gelegenheit gegeben werden

zu eingehenden internationalen Besprechungen, nicht um Friedensbedingungen und Kriegsentschädigungen festzustellen, sondern um gemeinschaftliches Handeln hinsichtlich des Wiederaufbaues der Welt vorzubereiten und anzubahnen. Bei diesen Besprechungen müssen an erster Stelle Wirtschaftswissenschaftler und Bankfachleute, und nicht mehr in erster Linie Militärpersonen und Diplomaten vertreten sein.

In kurzen Worten zusammengefaßt werden demnach die folgenden Wege einzuschlagen sein:

a) Aus eigener Initiative und eigener Kraft:

1. Ein jedes Land treffe für sich die nötigen Maßnahmen, um dieser Torheit der künstlichen Vergrößerung der Kaufkraft ein Ende zu machen; dieser Schritt muß zu allererst, vor jeder anderen Maßregel, erfolgen, da der wirtschaftliche Wiederaufbau ein Ding der Unmöglichkeit ist, wenn diesem Übel nicht erst zu Leibe gegangen wird.

2. Einige Länder untereinander müssen eine Regelung zur Einführung eines organisierten Warenaustauschverkehres entwerfen. Die Länder mit stark entwerteter Valuta sollen hier selbst die Initiative ergreifen in gemeinschaftlicher Überlegung mit ihren Nachbarländern, die noch zu Lieferungen auf Kredit imstande sein werden. Sollten die Länder mit stark entwerteter Valuta noch länger zögern, die Initiative in dieser Richtung zu ergreifen, so werden die Neutralen auch diese Aufgabe übernehmen müssen. Wir haben hier in Holland den Plan gefaßt, im Laufe der nächsten Wochen eine Organisation ins Leben zu rufen, die sich in dem geschilderten Sinne mit den Nachbarländern in Verbindung setzen soll; wir tun dies in der Hoffnung, durch diese Initiative etwas zu erreichen.

b) In gemeinschaftlichem Zusammenarbeiten vieler Länder:

3. Hierher gehört zunächst die Revision der Schulden, zweifelsohne für viele Länder ein äußerst

heikles Problem. Wenn man jedoch jetzt der Lage nicht klar und besonnen ins Auge blickt, so wird sich diese Revision der Schulden dennoch nach einigen Jahren den Augen der bestürzten Welt als dringende Notwendigkeit offenbaren, nachdem das Zögern, die Dinge zu sehen wie sie in Wirklichkeit sind, noch unaussprechliches Elend und neue Desorganisation über die Welt gebracht haben wird.

4. Auch das Problem der Kreditgewährung im allgemeinen wird international behandelt werden müssen, um die Gewährung von Einzelkrediten von seiten verschiedener Länder und ihrer Bürger auf die Dauer zu ermöglichen.

Bei den unter 3 und 4 genannten Punkten ist internationales Zusammenarbeiten unerläßlich, und immer mehr Stimmen erheben sich denn auch in den verschiedenen Ländern in diesem Sinne.

Möge man denn nunmehr nicht länger zögern, die nötigen Vorbereitungen für internationale Besprechungen zu treffen.

Es wäre wünschenswert, wenn die Regierungen der verschiedenen Länder hierzu die Initiative ergreifen würden. Sollten die Regierungen aus politisch-diplomatischen Gründen nicht bereit sein, den ersten Schritt in dieser Richtung zu unternehmen, so werden sich hoffentlich Bankiers und Großkaufleute aus den verschiedenen Ländern bald über eine allgemeine Besprechung und die Vorbereitung eines internationalen Zusammenarbeitens zu verständigen wissen.

Vor allem aber beeile man sich, denn durch das fortwährende Zögern ist die Not in einigen Ländern bereits aufs höchste gestiegen; die Notlage dieser Länder ist heute für jedermann klar ersichtlich, jedoch auch in mehreren anderen Ländern kann derjenige, der den Mut besitzt, den Tatsachen ins Auge zu sehen, die Gefahren ihrer Lage bereits deutlich erkennen.

VI. Kapitel.

Ein internationales Memorandum [1]).

Ein Versuch, die Bestrebungen in dem früher dargelegten Sinne zu organisieren, ist nun bereits unternommen worden.

Nachdem bereits im Frühjahr 1919 eine Reihe von privaten Besprechungen mit einflußreichen Ausländern stattgefunden hatte über die Frage, auf welche Weise man die schädlichen Folgen des Krieges beseitigen könnte, hatten wir die Ehre, am 13. und 14. Oktober 1919 einige auf dem Gebiete des Finanz- und Bankwesens hervorragende und sehr bekannte Persönlichkeiten aus den Vereinigten Staaten von Nordamerika, England und Frankreich in Amsterdam zu einer gemeinschaftlichen Besprechung vereinigt zu sehen.

---

[1]) In den vorhergehenden Kapiteln hat der Verfasser der vorliegenden Broschüre seine persönliche Auffassung von der gegenwärtigen Lage und den Mitteln und Wegen zum Wiederaufbau mitgeteilt; für die in dieser Schrift enthaltenen Betrachtungen und für die Schlußfolgerungen, zu denen er auf Grund dieser Betrachtungen gelangt, ist demnach einzig und allein der Verfasser verantwortlich. Dies muß an dieser Stelle ausdrücklich festgestellt werden, da in diesem VI. Kapitel der Inhalt eines Memorandums veröffentlicht wird, das in gemeinsamer Arbeit mit einer Reihe von Persönlichkeiten aus verschiedenen Ländern abgefaßt wurde und daher die Ansichten dieser Mehrheit von Personen wiedergibt. Wo nun dieses Memorandum mit den Betrachtungen des Verfassers in einem Bändchen veröffentlich wird, liegt dem Verfasser die Verpflichtung ob, mit allem Nachdruck festzustellen, daß die Mitarbeiter an diesem Memorandum in keiner Beziehung durch die persönlichen Betrachtungen des Verfassers gebunden sind, und er muß sogar den Anschein vermeiden, als ob er in dieser Broschüre zugleich im Namen anderer Mitarbeiter an jenem Memorandum hat sprechen wollen. G. V.

Nach eingehenden Besprechungen glaubten alle Anwesenden sich auf die grundlegenden Prinzipien einigen zu können, die für den Wiederaufbau der durch den Krieg heimgesuchten Länder und für die Wiederherstellung normaler Verhältnisse in den Ländern, deren Wirtschaftsleben, sei es auch in geringerem Grade, durch den Krieg ernstliche Störungen und Schädigungen erfahren hat, als maßgebend angenommen werden können. Die damals anwesenden Personen glaubten jedoch das vorläufige Resultat ihrer Besprechungen dem Urteil von Persönlichkeiten aus den benachbarten neutralen Ländern unterwerfen zu sollen, die, wie wir hofften, imstande und bereit sein würden, einer einige Wochen später in Amsterdam stattfindenden Fortsetzung dieser Besprechungen beizuwohnen. Auf die gemeinschaftliche Einladung der bei den Besprechungen am 13./14 Oktober anwesenden Personen hin nahmen an der fortgesetzten Konferenz am 2. und 3. November 1919 auch Herren aus Schweden, Norwegen, Dänemark und der Schweiz teil.

Die meisten dieser Herren hatten bereits ihr Land bei den langwierigen Friedensbesprechungen in den ersten Monaten des Jahres 1919 in Paris vertreten; in Amsterdam waren sie jedoch ohne irgendwelchen offiziellen Auftrag, also lediglich als Privatpersonen zusammengekommen; man konnte jedoch annehmen, daß sie vermöge dieser ihrer früheren Tätigkeit einen vorzüglichen Einblick in die internationalen Verhältnisse erhalten hatten.

Es ward uns die Genugtuung zuteil, daß auch in dieser größeren Konferenz eine Übereinstimmung der Ideen bezüglich einiger wichtiger Prinzipien für den Wiederaufbau erzielt wurde.

Die Besprechungen mußten der Natur der Sache nach vertraulich stattfinden, um so mehr, als sie in keiner Weise einen offiziellen Charakter tragen sollten. Jede Meinung, während dieser Konferenz geäußert oder von der Versammlung ausgesprochen, mußte den Charakter einer rein privaten Meinungsäußerung bewahren; das persönliche Ansehen, das, wie man annehmen konnte, jeder der Anwesenden in seinem eigenen Lande genoß, sollte eine Gewähr dafür bieten, daß eine Äußerung dieser Personen in den betreffenden Ländern gegebenenfalls nicht unbeachtet bleiben würde.

Es wurde grundsätzlich beschlossen, in einer Reihe von Ländern gleichzeitig einige dieser grundlegenden Prinzipien zu veröffentlichen, die in einem gemeinschaftlich redigierten Memorandum ausgesprochen wurden; hiermit wurde vor allem bezweckt, in sehr dringenden Worten dem allgemein gehegten Wunsche Ausdruck zu verleihen, daß man ohne Verzug zur Einberufung einer großen internationalen Konferenz schreiten möge, welche die Grundlage schaffen soll für ein weitgehendes internationales Zusammenarbeiten zwecks Wiederaufbaues des in nahezu allen Ländern schwer erschütterten Wirtschaftslebens.

Es bedeutete eine Enttäuschung, daß die Veröffentlichung der Meinungsäußerung dieser Konferenz vom 2. und 3. November 1919 noch eine Zeitlang vertagt werden mußte im Zusammenhang mit den politischen Ereignissen in verschiedenen Ländern, da die Teilnehmer an dieser Konferenz vor allen Dingen selbst den bloßen Schein zu vermeiden wünschten, als ob sie auf diese politischen Ereignisse auch nur den allergeringsten Einfluß ausüben wollten.

Dieses Memorandum wurde in Form einer Frage und in gewissem Sinne auch in Form eines internationalen Gutachtens veröffentlicht und in jedem Lande durch die Unterzeichner ihrer eigenen Regierung übermittelt; in einem jeden Lande wurde das Memorandum durch eine begrenzte Zahl von Bürgern des betreffenden Landes unterzeichnet, unter welchen Personen sich auch Teilnehmer an den Konferenzen vom 13./14. Oktober und 2./3. November befinden. Dieses Memorandum wurde ferner in einigen Nachbarländern veröffentlicht, die bei diesen vertraulichen Besprechungen nicht vertreten waren.

Das Memorandum wurde in der Mehrzahl dieser Länder Donnerstag, den 15. Januar 1920, veröffentlicht (in England am 16. Januar und in Frankreich einige Tage später);

bei der Überreichung des Memorandums wurde zu gleicher Zeit mitgeteilt, daß es am gleichen Tage den Regierungen der anderen namentlich aufgeführten Länder überreicht wurde.

Das Memorandum wird, zum Zeichen des internationalen Charakters dieser Bewegung, in allen Ländern eingereicht unter Vorlegung eines Exemplares in englischer Sprache und lautet wie folgt:[1])

The undersigned individuals beg leave to lay before their Government a proposal that the Governments of the countries chiefly concerned, which should include the United States, the United Kingdom and the British Dominions, France, Belgium, Italy, Japan, Germany, Austria, the Neutral countries of Europe and the chief exporting countries of South-America, should be invited forthwith (the matter being of the greatest urgency) to convene a meeting of Financial representatives, for the purpose of examining the situation,

---

[1]) In den Vereinigten Staaten von Nord-Amerika wurde das Memorandum aus lokalen Gründen nicht nur der Regierung, sondern auch der „Commission des Réparations" sowie der „Chamber of Commerce of the United States" überreicht; demgemäß lautet der erste Satz des Memorandums in Amerika wie folgt:

The undersigned individuals beg leave to lay before their Government, the Reparations Commission, and the Chamber of Commerce of the United States, the following observations, and to recommend that the Chamber of Commerce of the United States designate representatives of Commerce and Finance to meet forthwith (the matter being of the greatest urgency) with those of other countries chiefly concerned, which should include the United Kingdom and the British Dominions, France, Belgium, Italy, Japan, Germany, Austria, the neutral countries of Europe, the United States, and the chief exporting countries of South America, for the purpose of examining the situation briefly set forth below and to recommend upon the basis of authentic information what action in the various countries is advisable among the peoples interested in reviving and maintaining international commerce.

Ferner wurde in dem Memorandum in Amerika der Absatz: "The world's balance of indebtedness has been upset Would not a deflation be the first step towards a cure?" weggelassen.

briefly set forth below, and to recommend, in the event of their deciding that co-operative assistance is necessary and advisable, to whom and by whom assistance should be given and on what general conditions.

They venture to add to the above recommendation the following observations:

The war has left to conqueror and conquered alike the problem of finding means effectively to arrest and counteract the continuous growth in the volume of outstanding money and of Government obligations, and, its concomitant, the constant increase of prices. A decrease of excessive consumption and an increase of production and taxation are recognized as the most hopeful, — if not the only, — remedies. Unless they are promptly applied, the depreciation of money, it is to be feared, will continue, wiping out the savings of the past and leading to a gradual but persistant spreading of bankruptcy and anarchy in Europe.

There can be no social or economic future for any country, which adopts a permanent policy of meeting its current expenditure by a continuous inflation of its circulation and by increasing its interest-bearing debts without a corresponding increase of its tangible assets. In practice every country will have to be treated after careful study and with due regard to its individual conditions and requirements. No country, however, is deserving of credit, nor can it be considered a solvent debtor, whose obligations we may treat as items of actual value in formulating our plans for the future, that will not or cannot bring its current expenditure within the compass of its receipts from taxation and other regular income. This principle must be clearly brought home to the peoples of all countries; for it will be impossible otherwise to arouse them from a dream of false hopes and illusions to the recognition of hard facts.

It is evident that Germany and Austria will have to bear a heavier load than their conquerors, and that, in conformity with the Treaty of Peace, they must bear the largest possible burden they may safely assume. But care will have to be taken that this burden does not exceed the measure of the highest practicable taxation and that it does not destroy the power of production, which forms the very source of effective taxation. For the sake of their creditors and for the sake of the world, whose future social and economic development is involved, Germany and Austria must not be rendered bankrupt. If, for instance, upon close examination, the Commission des Réparations finds that, even with the most drastic plan of taxation of property, income, trade and consumption, the sums that these countries will be able to contribute immediately towards the current expenses of their creditors will not reach the obligations now stipulated, then the Commission might be expected to take the view that the scope of the annual contribution must be brought within the limits within which solvency can be preserved, even though it might be necessary for that purpose to extend the period of instalments. The load of the burden and the period during which it is to be borne, must not, however, exceed certain bounds; it must not bring about so drastic a lowering of the standard of living that a willingness to pay a just debt is converted into a spirit of despair and revolt.

It is also true that amongst the victorious countries there are some whose economic condition is exceedingly grave, and who will have to reach the limits of their taxing-powers. It appears therefore to the undersigned, that the position of these countries, too, should be examined from the same point of view of keeping taxation within the power of endurance, and within a scope that will not be conducive to finantial chaos and social unrest.

The world's balance of indebtedness has been upset and has become topheavy and onesided. Is it not necessary to free the world's balancesheet from some of the fictitious items which now inflate it and lead to fear or despair on the part of some, and to recklessness on the part of others? Would not a deflation of the world's balancesheet be the first step towards a cure?

When once the expenditure of the various European countries has been brought within their taxable capacity (which should be a first condition of granting them further assistance), and when the burdens of indebtedness, as between the different nations, have been brought within the limits of endurance, the problem arises as to how these countries are to be furnished with the working capital necessary for them to purchase the imports required for re-starting the circle of exchange, to restore their productivity, and to reorganize their currencies.

The signatories submit that, while much can be done through normal banking channels, the working capital needed is too large in amount and is required too quickly for such channels to be adequate. They are of opinion therefore that a more comprehensive scheme is necessary. It is not a question of affording aid only to a single country, or even a single group of countries which were allied in the war. The interests of the whole of Europe and indeed of the whole world are at stake.

It is not our intention to suggest in detail the method by which such international co-operation in the grant of credit may be secured. But we allow ourselves the following observations:

1. The greater part of the funds must necessarily be supplied by those countries, where the trade balance and the exchanges are favourable.
2. Long term foreign credit, such as is here contemplated, is only desirable in so far as it is absolutely necessary to restore productive processes. It is not a substitute for those efforts and sacrifices on the part of each country, by which alone they can solve their internal problem. It is only by the real economic conditions pressing severely, as they must, on the individual that equilibrium can be restored.
3. For this reason, and also because of the great demands on capital for their own internal purposes in the lending countries themselves, the credit supplied

should be reduced to the minimum absolutely necessary.

4. Assistance should as far as possible be given in a form which leaves national and international trade free from the restrictive control of Governments.
5. Any scheme should encourage to the greatest extent possible the supply of credit and the development of trade through normal channels.
6. In so far as it proves possible to issue loans to the public in the lending countries, these loans must be on such terms as will attract the real savings of the individual; otherwise inflation would be increased.
7. The borrowing countries would have to provide the best obtainable security. For this purpose it should be agreed that:
   a. Such loans should rank in front of all other indebtedness whatsoever whether internal debt, reparation payments or interallied governmental debt.
   b. Special security should be set aside by the borrowing countries as a guarantee for the payment of interest and amortization, the character of such security varying perhaps from country to country, but including in the case of Germany and the new States the assignment of import and export duties payable on a gold basis, and in the case of States entitled to receipts from Germany, a first charge on such receipts.

The outlook at present is dark. No greater task is before us now, than to devise means by which some measure of hopefullness will reenter the minds of the masses. The reestablishment of a willingness to work and to save, of incentives to the highest individual effort and of opportunities for every one to enjoy a reasonable share of the fruit of his exertions must be the aim towards which the best minds in all countries should coöperate. Only if we recognize that the time has now come when all countries must help one another, can we hope to bring about an atmosphere, in which we can look forward to the restoration of normal conditions and to the end of our present evils.

In conclusion the signatories desire to reiterate their conviction as to the very grave urgency of these questions in point of time. Every month which passes will aggravate the problem and render its eventual solution increasingly difficult. All the information at their disposal convinces them that very critical days for Europe are now imminent and that no time must be lost if catastrophes are to be averted.

AMERICA (UNITED STATES OF).

WILLIAM H. TAFT, *Former President of the United States.*

ELIHU ROOT, *Former Secretary of State, and ex-Senator.*

HERBERT HOOVER, *Former Director U. S. Food Administration.*

MYRON T. HERRICK, *Former Ambassador to France.*

HARRY A. WHEELER, *Former President United States' Chamber of Commerce, and Chairman International Trade Conference of U. S. Chamber of Commerce.*

ALFRED E. MARLING, *President New-York Chamber of Commerce.*

WILLIAM FELLOWES MORGAN, *President New-York Merchants' Association.*

FRANK A. VANDERLIP, *Chairman Banking Committee New-York Chamber of Commerce.*

PAUL M. WARBURG, *Chairman Acceptance Council and Committee on Banking of New-York Merchants' Association, and former vice Governor Federal Reserve Board.*

R. S. HAWES, *President American Bankers' Association.*

JAMES A. STILLMAN, *President National City Bank of New York.*

A. BARTON HEPBURN, *Chairman Chase National Bank, New York.*

CHARLES H. SABIN, *President Guaranty Trust Cy., New York.*

L. L. RUE, *President Philadelphia National Bank.*

JAMES B. FORGAN, *President First National Bank, Chicago.*

FESTUS J. WADE, *President Mercantile Trust Company St. Louis.*

F. O. WATTS, *President Third National Bank, St. Louis.*

JOHN SHERWIN, *President First National Bank, Cleveland.*

A. W. MELLON, *President Mellon National Bank, Pittsburgh.*

EMORY W. CLARK, *President First and Old Detroit National Bank.*

FREDERICK H. RAWSON, *President Union Trust Cy., Chicago.*

R. G. RHETT, *President People's National Bank, Charlestown, South Carolina, Cleveland.*

H. DODGE, *Partner Phelps Dodge Corporation, New York.*

DARWIN P. KINGSLEY, *President New-York Life Insurance Cy.*

CHARLES W. ELIOTT, *President emeritus Harvard University.*

ARTHUR T. HADLEY, *President Yale University.*

H. P. JUDSON, *President University Chicago.*

EDWIN A. ALDERMAN, *President University of Virginia.*

EDWIN R. A. SELIGMAN, *Professor Economics, Columbia University.*

F. W. TAUSSIG, *Professor Economics, Harvard University.*

SAMUEL REA, *President Pennsylvania Railroad Cy.*

LOUIS W. HILL, *Chairman Great Northern Railroad Cy.*

DANIEL WILLARD, *President Baltimore and Ohio Railroad Cy.*

GEORGE H. Mc. FADDEN, *Partner G. H. Mc. Fadden & Brother, Philadelphia.*

JULIUS H. BARNES, *Partner Barnes Ames Co., and Director U. S. Grain Corporation.*

JOHN G. SHEDD, *President Marshall Field Company, Chicago.*

JACOB H. SCHIFF, *Partner Kuhn Loeb & Co., New York.*

GEORGE M. REYNOLDS, *Chairman Continental and Commercial National Bank, Chicago.*

ROBERT L. BROOKINGS, *President Board Trustees Washington University, St. Louis.*

A. L. MILLS, *President First National Bank, Portland, Oregon.*

FRANK B. ANDERSON, *President Bank of California, San Francisco.*

HERBERT FLEISCHHACKER, *President Anglo and London Paris National Bank, San Francisko.*

HENRY SUZALLO, *President University of Washington, Seattle.*

J. P. MORGAN, *Partner of J. A. Morgan and Company, New York.*

DENMARK.

C. C. ANDERSEN, *Chairman of the Socialistic Party in the Landsting (Upper House).*

F. I. BORGBJERG, *Member of the Committee of the social group of the Rigsdag (parliament).*

I. C. CHRISTENSEN, *Chairman of the Venstre (liberal) Party of the Folketing (Lower House).*

C. C. CLAUSEN, *Chairman of the Merchants' Guild.*

C. M. T. COLD, *Chairman of the Danish Steamship Owners Society.*

A. FOSS, *Chairman of the Board of Industry.*

E. GLUECKSTADT, *Managing Director of the Danske Landmandsbank.*

J. KNUDSEN, *Chairman of the Conservative Party in the Folketing.*

M. MYGDAL, *President of the board of Agriculture.*

A. TESDORPF, *President of the board of Agriculture.*

A. NIELSEN, *President of the board of Agriculture.*

J. P. WINTHER, *Managing Director of the Nationalbanken in Kopenhagen.*

J. LAUREDSEN, *Managing Director of the Nationalbanken in Kopenhagen.*

C. USSING, *Managing Director of the Nationalbanken in Kopenhagen.*

M. RUBIN, *Managing Director of the Nationalbanken in Kopenhagen.*

W. STEPHENSEN, *Managing Director of the Nationalbanken in Kopenhagen.*

J. PEDERSEN, *Chairman of the Venstre Party of the Landsting.*

E. G. PIPER, *Chairman of the Conservative Party of the Landsting.*

C. SLENGERIK, *Chairman of the Radikal Venstre Party of the Folketing.*

H. TRIER, *Chairman of the Radikal Venstre Party of the Landsting.*

FRANCE. [1])

RAPHAEL GÉORGES LÉVY, *Economiste, Sénateur.*

DARCY, *Président du Comité des Houillères de France.*

ROGER LEHIDEUX, *Président de l'Union Syndicale de Banquiers de Paris et de la province.*

---

[1]) Die französischen Unterzeichner haben ihren Unterschriften den folgenden Vorbehalt vorangehen lassen.

„Il est bien entendu qu'un délai raisonnable doit être accordé à „chaque pays pour ramener ses dépenses courantes au niveau de ses „recettes provenant des impots ou d'autres sources normales de revenus „et que les recommandations sub a du paragraphe 7 ne peuvent recevoir „d'application pour chaque cas particulier que dans la mesure où elles „sont conciliables avec la solidité et l'ancienneté du crédit des états"

PETIT, *Président Tribunal de Commerce.*
CHARLES LAURENT.
DE WENDEL.

GREAT-BRITAIN.

Sir RICHARD VASSAR-SMITH. Bart., *Chairman of Lloyds' Bank Ltd.*

Lord INCHCAPE G. C. M. G., K. C. S. I., *Chairman of the National Provincial and Union Bank Ltd., and Chairman of the Peninsula and Oriental Steam Navigation Co.*

WALTER LEAF, Esq., *Chairman of the London County and Westminster Bank Ltd.*

F. C. GOODENOUGH, Esq., *Chairman of Barclay's Bank Ltd.*

The Right Hon[ble] REGINALD Mc. KENNA, P. C., *Chairman of the London Joint City and Midland Bank Ltd.*

Sir ROBERT KINDERSLEY, K. B. E., *Chairman of the National Savings Committee, Director of the Bank of England, Partner of Lasard Bros. & Co. Ltd.*

Sir CHARLES ADDIS, *Chairman of the Hongkong and Shanghai Banking Corporation Ltd., Director of the Bank of England.*

EDWARD C. GRENFELL, Esq., *Senior Partner of Messrs. Morgan Grenfell & Co. Ltd., Director of the Bank of England.*

The Honble ROBERT H. BRAND, C. M. G., *Partner of Lazard Bros. & Co. Ltd., Director of Lloyds' Bank Ltd.*

The Right Honble Lord ROBERT CECIL P. C., K. C., *Formerly Chairman of the Supreme Economic Council of the Alliés, Formerly Assistant Secretary of State for Foreign Affairs.*

The Right Honble H. H. ASQUITH, P. C., *Formerly Prime Minister.*

The Right Honble Sir DONALD MACLEAN, K. B. E., *Leader of the Liberal Party in the House of Commons.*

The Right Honble J. H. THOMAS, M. P., *Leader of the Labour Party.*

The Right Honble J. R. CLYNES, M. P., *Leader of the Labour Party.*

VISCOUNT BRYCE, G. C. V. O., O. M., *Formerly Ambassador to the United States.*

NETHERLAND.

Mr. G. VISSERING, *President of the Bank of the Netherlands.*

C. E. TER MEULEN, *Banker, member of the Firm Hope & Co.*

JOOST VAN VOLLENHOVEN, *Manager of the Bank of the Netherlands.*

Jhr. Mr. A. P. C. VAN KARNEBEEK, *Minister of State, President of the Carnegie Foundation.*

J. J. G. BARON VAN VOORST TOT VOORST, *President of the First Chamber of Parliament.*

Mr. D. FOCK, *President of the Second Chamber of Parliament.*

Jhr. Mr. W. H. DE SAVORNIN LOHMAN, *President of the High Court of Justice.*

A. W. F. IDENBURG, *Formerly Minister of Colonies, Formerly Governor General of the Netherlands' East-Indies.*

S. P. VAN EEGHEN, *President of the Amsterdam Chamber of Commerce.*

E. P. DE MONCHY, Rzn., *President of the Rotterdam Chamber of Commerce.*

C. J. K. VAN AAIST, *President of the Amsterdam Bunkers' Association.*

G. H. HINTZEN, *Banker, member of the Firm R. Mees & Zoonen at Rotterdam.*

F. M. WIBAUT, *Socialistik Alderman of Amsterdam.*

G. M. BOISSEVAIN, *Economist.*

E. HELDRING, *Manager of the Royal Dutch Steamship Cy.*

Prof. Mr. G. W J. BRUINS *at Rotterdam.*

NORWAY.

O. B. HALVORSEN, *Speaker of Parliament.*

J. TANDBERG, *Bishop of Christiania.*

FRIDTJOF NANSEN, *Professor of University of Christiania.*

H. LOEKEN, *Governor of Christiania.*

B. HOLTSMARK, *Leader of the Liberal Party.*

G. A. JAHREN, *Leader of the Conservative Party.*

J. L. MOWINCKEL, *Leader of the Radical Party.*

K. BOMHOFF, *President Bank of Norway.*

A. BJERCKE, *President of the Chamber of Commerce Christiania.*

A. T. LARSEN Jr., *President of the Union of Norwegian Merchants.*

C. KIERULF, *President of the Union of Norwegian Saving-Banks.*

V. PLAHTE, *President Norwegian Joint Stock Banks' Association.*

C. LÜTCHERATH, *President Norwegian Industrial Union.*

CHR. B. LORENTZEN, *President Norwegian Exporters' Association.*

JOH. H. AANENSEN, *President Oversea Exporters' & Importers' Association.*

T. FEARNLY Jr., *President Norwegian Shipowners' Association.*

C. PLATOU, *President of the Association of Norwegian Manufacturers.*

T. MYRVANG, *President Farmers and Smallholders' Association.*

P. VOLCKMAR, *President Norske Handelsbank.*

G. KAMPSTRUP HEGGE, *Manager Norske Creditbank.*

N. MARTENS, *Manager Centralbanken for Norge.*

E. SKOGSTAD, *Manager Christiana Bank and Kreditkasse.*

SWEDEN.

J. G. A. AF JOCHNICK, *President Sveriges Riksbank.*

V. L. MOLL, *First Deputy Sveriges Riksbank.*

C. E. KINANDER, *President National Debt Office.*

J. S. SONKJELLBERG, *President Swedish Bankers' Association.*

H. LAGERCRANTZ, *President Swedish Exporters' Association, Formerly Envoyee United States.*

A. VENNERSTEN, *President Swedish Industrial Association, Formerly Minister of Finance.*

K. A. WALLENBERG, *President Chamber of Commerce of Stockholm, Formerly Minister of Foreign Affairs.*

M. WALLENBERG, *Manager Stockholms' Enskilda Bank.*

O. RYDBECK, *Manager Skandinaviska Kreditaktiebolaget.*

C. FRISK, *Manager Svenska Handelsbanken.*

K. H. BRANTING, *Member of Parliament, Leader Labour Party.*

COUNT R. N. HAMILTON, *Member of Parliament, Leader Liberal Party.*

S. A. A. LINDMAN, *Member of Parliament, Leader Conservative Party, Formerly Prime Minister.*

L. H. KVARNZELIUS, *Member of Parliament, Leader Liberal Party.*

E. TRYGGER, *Member of Parliament, Leader Conservative Party, Formerly Member High Court of Appeal.*

K. G. CASSEL, *Professor Political Economy.*

D. DAVIDSON, *Professor Political Economy.*

E. F. K. SOMMARIN, *Professor Political Economy.*

SWITZERLAND.

G. ADOR, *Président Comité International Croix Rouge.*
E. BLUMER, *Président Conseil National.*
A. FREY, *Président Union Suisse du Commerce et de l'Industrie.*
R. DE HALLER, *Vice-Président Direction Générale Banque Nationale.*
J. HIRTER, *Président Conseil Banque Nationale.*
Dr. E. LAUR, *Secrétaire Union Suisse des Paysans.*
A. PETTAVEL, *Président Conseil des Etats.*
E. LICOT, *Juge-Fédéral.*
G. PICTET, *Banquier.*
A. SARASIN, *Président Association Suisse des Banquiers.*
M. SCHNYDER, *Président Association de la Presse Suisse.*
Dr. H. TSCHUMI, *Président Union Suisse des Arts et Métiers.*

In deutscher Übersetzung lautet dieses Memorandum wie folgt:

Die unterzeichneten Privatpersonen gestatten sich ihrer Regierung den Vorschlag zu unterbreiten, daß die Regierungen der wichtigsten interessierten Staaten, worunter verstanden werden sollen die Vereinigten Staaten von Nordamerika, Großbritannien und Irland und die Britischen Überseeischen Besitzungen, Frankreich, Belgien, Italien, Japan, Deutschland, Österreich, die neutralen Staaten Europas und die Hauptexportländer von Südamerika, ersucht werden sollen, sogleich (da es hier eine höchst dringliche Angelegenheit betrifft) eine Versammlung von Vertretern der Finanzwelt zu berufen, um die Lage, wie sie weiter unten in kurzen Worten auseinandergesetzt ist, zu untersuchen und um, falls sie zu der Überzeugung gelangen, daß gemeinschaftliche Hilfe erforderlich und rätlich ist, zu empfehlen, wem und durch wen Hilfe gewährt werden soll und unter welchen allgemeinen Bedingungen.

Sie erlauben sich der obenstehenden Empfehlung die nachfolgenden Bemerkungen hinzuzufügen:

Der Krieg hat sowohl Sieger wie Besiegte vor das Problem gestellt, Mittel und Wege zu finden, um die ständige Vermehrung des Geldumlaufes und der Staatsschulden sowie deren Begleiterscheinung, die unaufhörliche Preissteigerung, zum Stehen zu bringen und wirksam zu bekämpfen. Eine Verminderung übermäßiger Konsumtion und eine Erhöhung der Produktion werden als die aussichtsvollsten, wenn nicht die einzigen Heilmittel anerkannt. Wenn diese nicht ohne Verzug angewandt werden, so wird, wie man fürchten muß, die Geldentwertung weiteren Fortgang nehmen; sie wird die Ersparnisse aus früheren Zeiten vernichten und zu einem allmählichen aber beharrlichen Vordringen von Bankrott und Anarchie in Europa führen.

Es kann keine Zukunft geben in sozialer und wirtschaftlicher Beziehung für ein Land, welches es auch sein möge, welches die permanente Politik verfolgt, seine laufenden Ausgaben zu bestreiten durch unausgesetzte Inflation seines Geldwesens und durch Vermehrung seiner verzinslichen Schulden ohne entsprechende Vermehrung seiner wirklichen Aktiva. In der Praxis wird man nach sorgfältigen Untersuchungen und unter gebührender Berücksichtigung der individuellen Lage und Bedürfnisse der betreffenden Länder feststellen müssen, wie ein jedes Land behandelt werden muß. Kein Land jedoch verdient Kredit oder kann als zahlungsfähiger Schuldner angesehen werden, dessen Schuldverschreibungen wir bei der Formulierung unserer Zukunftspläne als Obligationen behandeln können, welche einen wirklichen Wert besitzen, das seine laufenden Ausgaben nicht in den Grenzen seiner wirklichen Einkünfte aus Steuern oder anderen regelmäßigen Quellen halten will oder kann. Dieses Prinzip muß den Bewohnern aller Länder deutlich eingeprägt werden, denn sonst wird es unmöglich sein sie aus Träumen voll falscher Hoffnungen und Illusionen zu erwecken zur Erkennung harter Tatsachen.

Es liegt auf der Hand, daß Deutschland und Österreich

eine schwerere Last werden tragen müssen als ihre Besieger und daß sie, in Übereinstimmung mit dem Friedensvertrage, die größtmögliche Last werden tragen müssen, die sie auf sich nehmen können, ohne daß daraus Gefahren für sie entstehen. Man wird jedoch Sorge tragen müssen, daß diese Bürde nicht das Maß der höchstmöglichen Besteuerung überschreitet und die Produktionsfähigkeit zerstört, welche die eigentliche Quelle für wirksame Besteuerung darstellt. Im Interesse ihrer Gläubiger und im Interesse der ganzen Welt, deren soziale und wirtschaftliche Entwicklung auf dem Spiele steht, dürfen Deutschland und Österreich nicht zum Bankrott gebracht werden. Wenn die Commission des Réparations beispielsweise nach eingehender Untersuchung feststellt, daß die Summen, die diese Länder imstande sind sogleich zu den laufenden Ausgaben ihrer Gläubiger beizutragen, auch sogar bei Anwendung der drastischsten Besteuerung des Eigentums, des Einkommens, des Handels und des Konsums, die jetzt festgelegten Zahlungsverpflichtungen nicht zu decken vermögen, so darf man von der Kommission erwarten, daß sie sich auf den Standpunkt stellt, daß der Umfang der jährlichen Beiträge auf die Grenzen reduziert werden muß, innerhalb deren es möglich ist, diese Länder zahlungsfähig zu erhalten, selbst wenn es zu diesem Zwecke notwendig sein sollte, den Zeitraum für die jährlichen Zahlungen zu verlängern. Das Gewicht der Last und der Zeitraum, während dessen diese Last getragen werden muß, darf jedoch gewisse Grenzen nicht überschreiten; es darf dadurch nicht eine solch drastische Verschlechterung der Lebensverhältnisse herbeigeführt werden, daß die Bereitwilligkeit, eine gerechte Schuld zu bezahlen, verwandelt wird in einen Geist der Verzweiflung und Auflehnung.

Es ist ebensowenig zu leugnen, daß sich unter den siegreichen Ländern einige befinden, deren wirtschaftliche Lage außerordentlich bedenklich ist und die ihre Steuerkraft auf das äußerste werden anspannen müssen. Es erscheint daher den Unterzeichneten wünschenswert, daß die Lage auch dieser Länder untersucht wird mit demselben Ziele, die Besteuerung in den Grenzen des Erträglichen zu halten und auf einem Umfange, der nicht zu finanziellem Chaos und sozialen Unruhen führt.

Die Schuldbilanz der Welt ist in Unordnung geraten, ihr Gleichgewicht ist zerstört und sie ist einseitig geworden. Ist es nicht notwendig, die Weltbilanz von einigen der fiktiven Posten zu befreien, die jetzt Anlaß zur Inflation geben und bei den einen Furcht oder Verzweiflung, bei anderen Sorglosigkeit erzeugen? Würde eine Deflation der Weltbilanz nicht den ersten Schritt auf dem Wege des Wiederaufbaues darstellen?

Sind einmal die Ausgaben der verschiedenen europäischen Länder auf die Grenzen ihrer Steuerkraft reduziert (und dies sollte die erste Vorbedingung sein für die Gewährung weiterer Hilfe), und sind die Schuldenlasten der verschiedenen Staaten untereinander auf die Grenzen des Erträglichen zurückgeführt, so entsteht das Problem, wie man diese Länder mit dem Betriebskapital versehen soll, dessen sie bedürfen für die Bezahlung der Einfuhren, die sie benötigen um den normalen Warenverkehr wieder in Gang zu bringen, ferner zur Wiederherstellung ihrer Produktivität und zur Reorganisation ihrer Währungen.

Die Unterzeichneten sind der Meinung, daß, obwohl vieles erreicht werden kann auf dem Wege des gewöhnlichen Bankverkehrs, das benötigte Betriebskapital seinem Betrage nach zu groß ist und binnen zu kurzer Zeit verschafft werden muß, als daß es auf dem erwähnten normalen Wege verschafft werden könnte. Sie sind daher der Ansicht, daß ein umfassenderer Plan erforderlich ist. Es handelt sich nicht darum nur einem einzigen Lande zu helfen oder auch einer einzigen Gruppe von Ländern, die gemeinsam am Kriege teilgenommen haben. Die Interessen ganz Europas und in der Tat diejenigen der ganzen Welt stehen auf dem Spiele.

Es liegt nicht in unserer Absicht, in allen Einzelheiten die Methode vorzuschlagen, durch welche ein solches internationales Zusammenarbeiten hinsichtlich der Kreditgewährung herbeigeführt werden könnte. Wir möchten uns jedoch die nachfolgenden Bemerkungen gestatten:

1. Der größere Teil der benötigten Mittel muß notwendigerweise durch die Länder beschafft werden, deren Handelsbilanz und Wechselkurse günstig sind.
2. Langfristiger Auslandskredit, wie wir ihn hier im Auge haben, ist nur insofern als wünschenswert zu bezeichnen, als er unbedingt erforderlich ist zur Wiederherstellung von Produktionszweigen. Er ist jedoch kein Substitut für die Anstrengungen und Opfer, die ein jedes Land seinerseits wird machen und bringen müssen und durch welche sie einzig und allein ihre internen Probleme zu lösen vermögen. Nur durch den erforderlichen schweren Druck der wirklichen wirtschaftlichen Verhältnisse auf jedes Individuum kann der Gleichgewichtszustand wiederhergestellt werden.
3. Aus diesem Grunde, und ferner angesichts der großen Nachfrage nach Kapital in den als Geldgebern auftretenden Ländern selbst („lending countries") für ihre eigenen inländischen Bedürfnisse, sollte der zu gewährende Kredit auf das unbedingt erforderliche Minimum beschränkt werden.
4. Hilfe soll soviel wie möglich in einer Form gewährt werden, die den nationalen und internationalen Handelsverkehr frei von der einengenden Beaufsichtigung der Regierungen läßt.
5. Jeder Plan soll soviel wie nur irgendwie möglich fördern die Kreditgewährung und die Entwicklung des Handelsverkehres auf normalen Wegen.
6. Insoweit es sich als möglich herausstellen sollte, Anleihen bei der Bevölkerung der geldgebenden Länder („lending countries") unterzubringen, müssen diese Anleihen unter Bedingungen emittiert werden, welche

die wirklichen Ersparnisse der Individuen anziehen, da sonst die bestehende Inflation noch vergrößert werden würde.

7. Die als Geldnehmer auftretenden Länder („borrowing countries“) müßten die besten verfügbaren Sicherheiten stellen. Zu diesem Behufe sollte vereinbart werden, daß
   a) derartige Anleihen den Vorrang haben vor Schulden jedweder Art, seien es interne Schulden, Zahlungen für Wiedergutmachungen oder interalliierte Regierungsschulden, und daß
   b) von den als Geldnehmer auftretenden Ländern („borrowing countries“) spezielle Sicherheiten gestellt werden zur Verbürgung der Zins- und Amortisationszahlungen; der Charakter dieser Sicherheiten kann gegebenenfalls von Land zu Land verschieden sein, im Falle Deutschlands und der neuen Staaten sollen diese Sicherheiten jedoch umfassen die Verpfändung der in Goldwert zahlbaren Ein- und Ausfuhrzölle, und im Falle der Staaten, die Zahlungen von Deutschland zu fordern haben, eine Verpfändung dieser Zahlungen.

Die Aussichten sind gegenwärtig trübe. Keine erhabenere Aufgabe liegt uns nunmehr ob als Mittel und Wege zu ersinnen, um in den Seelen der Masse wieder einen Hoffnungsschimmer zu erwecken. Die Wiederherstellung des Willens zur Arbeit und zum Sparen, des Anreizes zur größten Anstrengung des Individuums und der Möglichkeit für jeden, einen billigen Teil des Ertrages seiner Tätigkeit zu genießen, muß das Ziel bilden, zu dessen Erreichung sich die besten Kräfte eines jeden Landes zusammenschließen sollten.

Nur wenn wir uns der Erkenntnis nicht verschließen, daß jetzt die Zeit gekommen ist, in der alle Länder einander gegenseitig helfen müssen, nur dann können wir hoffen, eine Atmosphäre zu schaffen, in welcher wir die Wiederherstellung normaler Verhältnisse und das Ende unserer gegenwärtigen Sorgen erwarten dürfen.

Zum Schlusse wünschen die Unterzeichneten nochmals ihrer Überzeugung Ausdruck zu verleihen, daß es sich hier handelt um Probleme von der allergrößten Dringlichkeit in zeitlicher Hinsicht. Jeder Monat, der verstreicht, wird das Problem noch weiter erschweren und seine eventuelle Lösung immer schwieriger gestalten. Alle Daten, die zu ihrer Verfügung stehen, bringen sie zu der Überzeugung, daß Europa äußerst kritische Zeiten bevorstehen, und daß keine Zeit verloren werden darf, wenn Katastrophen vermieden werden sollen.

(Folgen Unterschriften.)

2210. Berliner Buch- u. Kunstdruckerei, G. m. b. H., Berlin W 35—Zossen.

Kolibri 360 GmbH
Ferdinand-Jühlke-Straße 7
99095 Erfurt, Deutschland
produktsicherheit@kolibri360.de